「ゼロトレランス」で学校はどうなる

横湯園子＋世取山洋介＋鈴木大裕……［編著］

花伝社

「ゼロトレランス」で学校はどうなる◆目次

はじめに

本書の成り立ち

本書のもとになったのは、２０１６年11月19日にゼロ・トレランスを考える実行委員会の主催により広島市内で開催された「ゼロ・トレランスの今から、学校・教育を問う」という「全国交流集会」である。

日本におけるゼロトレランス発祥の地であり、それが最も活性化している広島県に、広島はもとより、大阪や愛知の関係者のほか、国連子どもの権利条約の日本における実現の一翼を担っていたDefence for Children International 日本支部の「再建」を目的とする団体（共同代表：津田玄児、児玉勇二）に結集していた研究者や実務家が、全国から、あわせて80名以上参集した。

この全国交流集会の起源は２０１３年にまでにさかのぼる。この年の夏に、小林克己さん（全広島教職員組合福山支部）と小野方資さん（福山市立大学）から、世取山洋介に「生徒指導規程というトンデモナイものが広島県福山市のすべての学校に拡大して、困り果てている。生活指導規程を問題だと思っている教職員と一緒になって分析をしてもらえないか」という依頼が来たのである。

一緒に分析をしてみると、２００５年くらいから文科省がアメリカからゼロトレランスを輸入し始め、２００６年暮れの新教育基本法の制定を梃子（てこ）にして日本に定着させようとしてきたことがわかった。そして、広島県における国旗国歌指導や人権教育の在り方、また、福山市における特定の教師の勤務の在り方に端を発して1998年に文部大臣が広島県教育委員会に是正指導を行ってから、福山市が文科省の文字通りの「天領」となってきたために、福山市がゼロトレランスを含む文科省の新しい政策パッケージを全国に先行して徹底的に実行するための「実験地」とされていることもわかった。

「これは放っておけない」ということになり、国連とのチャンネルも開き、分析への参加者の幅を弁護士、臨床心理士、法学研究者、児童福祉研究者、教師にも広げ、全国交流集会の開催にまで至ったのである。

全国交流集会の成果の一部を中心にして編まれた本書は、「生徒指導規程はおかしい」との声を粘り強く発し続け、その声を日本全国だけでなく国連にまで届けようとし続けてきた福山市の関係者の運動の賜物、そして、福山市と同様の問題に直面し、福山市の関係者とも連携しながら運動を続けてきた広島県の関係者の力の賜物ということになる。全国交流集会の実行委員会の事務局を引き受けていただいたのが全広島教職員組合であったことを感謝の念とともにここで記しておきたい。

ゼロトレランス策はなにが新しいのか

ゼロトレランスは一見すると、1980年代に全国の学校に拡大した「管理主義」すなわち、校則、体罰、内申書を三種の神器として生徒の学校内外での行動を徹底的に管理するという動きとよく似ている。両者ともに、問題行動を起こした生徒の真の要求や個別事情を一切考えないで機械的に罰を加えるという点において共通しているからである。

生徒指導規程を初めて見たときは既視感にとらわれた。これでは1980年代への後戻りではないか――何度もそう思った。

しかしながら、子どもの学校内での荒れへの対応策として拡大した管理主義は、子どもの荒れがおさまり、あるいは、個別事情を考慮しない学校による懲戒は教育活動としての実質を持たず、合法な懲戒権限の行使とはみなされないという法的議論を前にして沈静化していた。ゼロトレランスがかつての管理主義が復活したものであるとすれば、子どもの「荒れ」が再登場しているか、学説状況が一変し、学説の歯止めがはずれていなければならない。しかしそんな事実はない。

ゼロトレランスは管理主義とは似てはいるが、やはり別物だと考えざるを得ない。

２０１３年以降、国連子どもの権利条約の実現を目的とする国際的組織の日本支部やその本部との協働を含む取り組みを国内において続け、広島で全国交流集会をするなかで、ゼロトレランスは子どもの「荒れ」に学校現場が応答することによって下から全国化したものではないということははっきりした。

ゼロトレランスは、２００６年暮れの新教育基本法の制定の翌年に復活した全国一斉学力テストを軸として学校を競争的秩序の中に組み入れ、学校を競争的に組み替えていく文科省による上からの動きとセットになって、この競争的秩序を最大防衛するための方策としてアメリカから輸入され、上から地方に拡大されようとしているものなのである。そして、かつての管理主義のもとでは権威への服従の教え込みが目的として座り、丸刈り校則に典型的に示されているように、権威からの命令は不合理であればあるほど、権威への服従をより強く教え込むことになるので、合理的となっていた。これに対してゼロトレランス政策には、権威への服従の教え込みなどという子どもの人格形成への働きかけはもはや存在せず、あるのは、競争的秩序の効率的な防衛のための罰を通じた子どもの行動管理だけなのである。

本書の焦点の限定

広島市で開催された全国交流集会ではゼロトレランスだけでなく、それと歩を合わせてそれこそ全国各地の学校に拡大している「学習スタンダード」の生々しい実態も報告された。

子どもの授業中の態度などのいわゆる「学習規律」に関するルールを定めた学習スタンダードがゼロトレランス政策に起源をもつことは確かである。だが、それが拡大するにあたって決定的な契機となったのは、2012年暮れに誕生した第二次安倍政権によって全国一斉学力テストが悉皆方式に戻されたことにあるようにも見える。

全国一斉学力テストは新教育基本法の制定の翌年の2007年に悉皆方式（全員調査）で約40年ぶりに復活したのであるが、2008年に民主党が政権を奪取した後、2010年から抽出方式で実施されることになった。競争的秩序への学校の包摂はいったん後退したのである。しかし、安倍第二次政権の誕生により、全国一斉学力テストは2013年から悉皆方式に戻され、学校の競争的秩序への包摂は再び本格化する。「学習スタンダード」はこの再包摂と歩を合わせているようなのである。

現段階では学習スタンダードの起源とその展開についてのいくつかの仮説は存在するものの、それらを検証するのにはもう少し時間がかかりそうである。

そこで、本書はゼロトレランスに焦点を合わせることとし、全国交流集会でなされたゼロトレランスに関する報告をもとにした論稿のほか、ゼロトレランス発祥の地であるアメリカにおいてそれがどのように生まれ、現在に至っているのかについての論稿から本書を編むことにした。学習スタンダードは次のターゲットである。

全国交流集会参加者の声から

全国交流集会において明らかとなったのは、ゼロトレランス政策が子どもの人間としての成長発達にそもそも関心をまったくもたないものであり、子どもの成長発達にとって有害なものでしかありえないことであった。そして、競争的秩序の最大防衛を目的としているゼロトレランス政策は、学校と警察との間の連携――より正確に言えば、学校の警察への依存をその日常にまで拡大していることも明らかとなったのである。

全国交流集会の参加者は、ゼロトレランス政策の起源と展開を理解できて良かったと実感し、あるいは、ゼロトレランス政策や学習スタンダードが全国化していることに驚いていた。参加者の貴重な声を本書に収めることができなかったのだが、一つだけ、寄せられた声を紹介しておきたい。

「『東広島スタンダード』は、児童館、図書館、地域センター、至る所に張ってあって、息苦しいです。こんな風に行動規律を押しつけると、子どもは本音を話せなくなります。子どもを締め付け、追いつめる。その抑圧に気付かない人が大半です。

福山の保護者の方のお話に驚きました。生徒指導の細かさ、理不尽さ、警察がサイレンを鳴らして学校に駆けつけ、衆目の中、生徒を逮捕していく……子どもたちはどれほど傷つき、絶望してしまうことだろう。今は、学校は子どもを守り育てる場ではなく、排除し、規制して子どもを締め上げていく場になってしまっている。まさに戦争前夜だと思います。子どもへの細かい規律押しつけ、指導は良き兵士育成そのままですね。」

ここで「至る所に張って」あると指摘されている「東広島スタンダード」とは、東広島市教育委員会の名前で張り出されたポスターのことで図のようなものである。なおこのポスターは遅くとも２０１０年には公にされていたことがわかっている。

出典：東広島市ホームページ

「東広島スタンダード」のすぐ後ろには競争的秩序の最大防衛を目的とした子どもの行動管理の体制、すなわち、何をしていけないのかの細かいルールが事前に決められ、ルールに反をすれば、いくら軽い違反であっても重い罰が機械的に課されるという体制が控えている。身をもってこのことを知っている子どもたちはこのスタンダードを前にして何を感じるのだろうか。無理難題を吹っかけてくる権威に対する反感ではなく、競争的秩序を前にしての無力感であろう。

本書の構成と特徴

本書は3部からなる。

第Ⅰ部では、日本の公教育におけるゼロトレランス政策の起源と展開、そして問題点に関する総論的な論稿を収めた。

第Ⅱ部では、福山市におけるゼロトレランス政策の展開、そしてそれが学校現場にもたらしている惨状を明らかにする二つの論稿を収めた。

第Ⅲ部では、ゼロトレランス政策の母国であるアメリカでそれがどのようにして生まれ、現在どうなっているのかを明らかにする論稿と、臨床心理の立場からゼロトレランス政策の問題点と対抗軸を明らかにする論稿を収めた。

本書は、日本の公教育におけるゼロトレランス政策の起源と地域における展開、そしてその実態、とりわけ子どもの人間としての成長発達に与える決定的なダメージを包括的かつ立体的に明らかにする最初の図書となる。そのような図書として本書が普及されることを願う。また、1章が結論として示しているゼロトレランス政策の「社会的駆除」、すなわち「学校からゼロトレランスを追い出す」ことを促す図書となることを願っている。

編者を代表して

世取山洋介

Ⅰ部　ゼロトレランスとはなにか

1章　日本におけるゼロトレランス政策

世取山洋介

はじめに――ＺＴＰの構造解析と疾患分析

日本の公教育においてゼロトレランス政策（Zero Tolerance Policy、以下ＺＴＰ）が特定の地域において全面的に展開しているのを初めて目の当たりにしたのは、２０１３年11月９日に開催された「福山教育研究の集い」（全広島教職員組合福山支部主催）においてであった。

ＺＴＰは、後に本文において紹介するように、もっとも狭くは、「あらかじめ決められた罰、ほとんどの場合は重くかつ懲罰的な性格をもつ罰を、結果の軽重、情状酌量の余地、または、行為の文脈にかかわらず適用することを求める思想または政策」と定義されるものである。

文科省がこのＺＴＰを、２００６年末の新教育基本法の制定に前後してその母国であるアメリカから日本に輸入し、日本に定着させようとしていたことは知っていた。しかし、ＺＴＰが全国にどのように拡大し、どのような問題を引き起こしているのかについては情報を持ち合わせていなかった。「集い」に参加してわかったのは、福山市が「ＺＴＰの実験地」とされており、学校懲戒あるいは生徒指導にかかわって子どもの人間としての成長発達保障という考え方が消滅しているということであった。

偶然にも、「集い」から2か月後の２０１４年1月に、子どもの権利に関する国連ＮＧＯであるDefence for Children International本部から、子どもの「自由のはく奪」という観点から日本の公教育におけるＺＴＰの実態を伝える報告を提出するよう依頼され、２月に友人とともに福山市を素材にしてごく短い報告を提出した。[1] 報告は「自由のはく奪」に焦点を絞り、「自由のはく奪」に他ならない「別室指導」が最終的な手段として用いられておらず、子どもの「必要」にも配慮がなされていないので、国連子どもの権利条約第37条に違反すると結論するものであった。

筆者にとって特に衝撃的であったのは、授業妨害には機械的に別室指導という罰を与え、対教師暴力については機械的に警察に通報することがルール化されていることであった。教育秩序の維持と教育に当たる教師の安全が最優先とされているのだが、それは福山市において同時に実行されていた学力テストを軸とする競争的教育秩序の最大防衛を意味している。そして、競争的秩序の最大防衛という施策は、福山市における中学生の逮捕率（警察に逮捕された中学生の数÷中学生の総数）を全国平均よりも10倍（全国平均：福山市平均＝０・０１５％：０・１５％。２００５年から２００７年の3年間における平均）にし、学校と警察との間のつながりを拡大強化していたのである。

さらに、ジュネーブに報告を提出した2か月後の２０１４年４月から「新潟県県立高等学校における高校３年生の自殺事案に関する第三者調査委員会」の委員に就任することになり、その後2年以上にわたって、ＺＴＰと本格的に格闘することになった。この自殺事案全体には、県警と県立高校の生徒指導組織とが連携して実施していたＺＴＰがその影を落としていたのである。

やや不穏当な言い方とはなるが、ＺＴＰというアメリカから輸入されたウイルスは、学力テスト体制あるいは競争的教育秩序の強化を環境要因として全国各地に拡大していることは相当に確からしい。これゆえ、日本における汚染拡大の範囲と経路を確定する疫学的調査が喫緊に必要とされていることはもちろんのこととなる。だがしかし、疫学調査の進展を助長し、かつその向かうべき方向を見定めるためにも、感染症を引き起こしているウイルスの構造解析と感染症の疾患分析も並行して行われなければならないはずである。

そこで本章においては、ＺＴＰの構造を解析し、それ自体のもつ病弊、すなわち、子どもの人間としての成長発達に対する悪影響という観点から検討すること、そして、ＺＴＰを克服するために求められていることを明らかにしたい。

以下では、まずはアメリカにおける議論を下敷きにしながらＺＴＰを定義し、それがいかなる環境の下で生まれたのかを検討する（第Ⅰ節）[2]。次に、文科省によるＺＴＰの輸入と拡大の特徴を明らかにし（第Ⅱ節）、ＺＴＰが子どもの発達に与える悪影響を新潟県県立高等学校における高校3年生の自殺事案に関する第三者調査委員会の報告書を素材にして検討する（第Ⅲ節）[3]。最後に、ＺＴＰへの対抗軸をつくる際の課題のいくつかを指摘することにしたい（第Ⅳ節）。

Ⅰ　ゼロトレランス政策（ＺＴＰ）の構造解析

アメリカ心理学会による定義とその若干の拡大

ＺＴＰの母国であるアメリカにおいて最も権威あるＺＴＰの定義として通用しているのは、アメリカ心理学会による次のような定義である。

「あらかじめ決められた罰、ほとんどの場合は重くかつ懲罰的な性格をもつ罰を、結果の軽重、情状酌量の余地、または、行為の文脈にかかわらず適用することを求める思想または政策」[4]。

この定義は、非違行為（非行や違法行為など社会的な非難に値する行為のこと）の内容とそれを犯した場合に加えられるべき罰を事前にルール化し、かつ、決められたルールを例外なく適用すべきとすることにＺＴＰの特徴があることを示している。この定義に組み込まれている非違行為を行った子どもの個別事情をまったく考慮しないという要素は、後に検討するように、ＺＴＰが子どもの発達に悪影響をもたらす原因を特定しているという点において優れている。

それでもなお、ＺＴＰが、麻薬や銃の所持・使用などの生徒の行為から学校の安全ないしは秩序を守るためのリアクションとして全米化したという経緯、そして、軽微な非違行為も重大な非違行為につながるので、罰を例外なく適用すべきとする「割れ窓理論」[5]をＺＴＰが組み入れていたこと等を考慮すれば、その目的が安全な秩序の維持にあること、そして、罰の対処となる非違行為が軽微なものにも拡大されることも含めて、もう少し広めに定義されるべきものといえる。

もともとＺＴＰは、母国アメリカにおいては、１９８０年代中盤に大人による麻薬密輸に対応する刑事政策として採用されたものであった。麻薬密輸対策としてのＺＴＰは１９９０年に放棄されるのだが、まさにその頃から、麻薬や銃に関連する子どもの重大な非違行為への対応策として注目を浴び、州の地域レベルで公教育に導入され始め、さらには、割れ窓理論と結びついていく。[6]

ＺＴＰが全米の学校に拡大する契機となったのは、クリントン政権の下、全米初等中等教育法の１９９４年改正法である「アメリカの学校を向上させる法」（Improving America's School Act、以下ＩＡＳＡ）の一部として「銃の無い学校法」（Gun-Free School Act、以下ＧＦＳＡ）が成立し、銃を学校に持ち込んだ子どもには、個別事情にかかわらず、原則として1年以上の停学処分を科すことを連邦補助金の支給条件としたことにあった。

その後、ＧＦＳＡ改正により非違行為の範囲が拡大され、各州も独自の判断により、州法等の関係法令を改正して授業妨害等の軽微な非違行為にも拡大し、全米各州においてＺＴＰが全面的に実施されるようになったのである。

そこで、本章では、ＺＴＰを、次のようにやや広めに定義することにしたい。

学校における安全の維持を目的として、非違行為と罰の事前のルール化、罰の適用されるべき非違行為の軽微なものへの拡大、軽微な非違行為への停・退学のほか学校内隔離（in-school suspension）などの重い罰の適用、および、ルールの例外なき適用を求める思想または政策。

このやや広めの定義の要諦は、軽微な非違行為を含む非違行為すべてについて、個々の子どもが非違行為をとるに至った個別事情、すなわち、文脈や動機などを一切考慮することなく、重い罰を例外なく適用すべきとされていることを示していることにある。ＺＴＰにおいては、非違行為を行った子どもへの学校や教師による教育的な働きかけが、非違行為の軽重にかかわらず、子どもへの一方的な非難に一元化され、一方的非難の必要性の有無を、個別事情に基づいて判断するという教育的判断が一切排除されることになる。

新自由主義国家理論の構成要素としてのＺＴＰ

以上のように定義されるＺＴＰがなぜ連邦法により全国化させられたのかを理解するには、新自由主義国家理論（すなわち、国家がすべきこととすべきことではないことを区別し、すべきことをどのようにすべきなのかについてのルールを、経済的自由至上主義とでもいうべき原理に基づいて提供する理論）の不可欠の要素として、ＺＴＰが位置づいているという認識が不可欠となる。[7]

新自由主義国家理論は、商品の生産と交換を通じての富の獲得をめぐる競争が展開される市場が「自然的秩序」[8]だと見なし、この自然的秩序のもとで行使される経済活動の自由が優越的な地位を占めるべきとの考えを基点として、国家の正当な役割とそうでないものとの線引きを展開する。

国家が自然的秩序である市場に介入することは許されず、競争的市場という自然的秩序を維持、拡大し、自然的な秩序を脅かす行為から自然的な秩序を保護することが国家の正当な役割となる。富の獲得と移転は商品の自由な生産と交換によってのみなされるべきであり、国家による強制的な富の移転は原則として許されない。なぜならば、富の再配分は、富を保持する自由の制約となるからである。富の再配分は自然的秩序の維持・拡大に資するときにだけ例外的に許される。したがって、国家が、貧者の子どもの人間としての全面的発達や貧者の人間らしい生活を実現することを目的として、富者から富を取り上げ、貧者に、現金給付あるいは教育や福祉などの現物給付として再配分することは、そもそも国家の正当な役割とはなりえないのである。

貧富の格差によって社会問題が発生した場合には、国は福祉的措置をとることは許されず、刑罰的措置によって対応すべきことになる。そして、国家の福祉からの撤退によって貧富の格差が拡大し、社会問題が深刻化するのに応じて、国は刑罰的措置を拡大しなくてはならない。「割れ窓理論」およびそれを組み込んだＺ

ＴＰは、このような国家による刑罰的措置の拡大を正当化するためのものと位置づけられる。

新自由主義国家理論に基づけば、国家の公教育にかかわる正当な役割は、一人一人の子どもの人格の全面的発達という目的を排除したうえで、公教育の目的を自然的秩序である競争的市場への貢献――例えば人材育成――に一元化することに求められる。公教育を提供する場合にも、競争的市場という自然的秩序に基づいて提供することが国家のとるべき方法となる。そして、公教育における自然的秩序である競争を乱す子どもには（疑似）刑罰的措置だけによって対応すべきということになる。

ＺＴＰの全米への拡大の契機となったＧＦＳＡが、教育内容に関する基準および到達度を測定する基準の州による設定、ならびに、到達度の州統一テストによる測定を求める教育内容基準運動（Standard-Based Movement）を初めて連邦法に組み入れたＩＡＳＡの一部として成立したのは、新自由主義国家理論からみれば必然の組み合わせであった。そして、日本において、新教育基本法が制定されて間もなく、全国一斉学力テストが復活し、後に第Ⅱ節において詳しく見るように、ＺＴＰを新教育基本法６条を具体化するものとして提唱する初中教育局長通知が発出されたことも、然りなのである。

ともあれ、新自由主義国家理論のもとでは、その大部分が富者から取り上げた富からなる公費により、非違行為を行った子どもの人格変容に向けての働きかけを行うことは、いかなるものであれ、国家の正当な役割とは観念されないのである。

Ⅱ　文科省によるＺＴＰの輸入と拡大の特徴

ＺＴＰの正確な理解

ＺＴＰの文科省による日本への輸入と拡大は、２００５年9月に公表された児童生徒の問題行動に関する文部科学省プロジェクトチーム「新・児童生徒の問題行動対策重点プログラム（中間まとめ）」において、ＺＴＰの調査・検討が提案されたことに始まる。翌年２００６年5月には国立教育政策研究所生徒指導研究センター『「生徒指導体制の在り方についての調査研究」報告書─規範意識の醸成を目指して─』（以下、国研報告書）が公表され、「アメリカで広く実践されている」ものとして「ゼロトレランス」が紹介されている。

この国研報告書が公表された1か月後には都道府県教育委員会担当課長等宛に文科省初等中等教育局児童生徒課長「児童生徒の規範意識の醸成に向けた生徒指導の充実について（通知）」（18初児生第12号、２００６年6月5日）が発出され、この「報告書の成果を生かしつつ、……生徒指導上の取り組みの一層の充実を図るよう努めること」が要請された。そして、２０１２年暮れにおける新教育基本法の制定を挟んで、都道府県教育委員会教育長宛に文科省初等中等教育長「問題行動を起こす児童生徒に対する指導について（通知）」（18文科初第１０１９号、２００７年2月5日）が発出されている。

この一連の文書を見てみると、文科省によるＺＴＰの輸入と拡大には大きく二つの特徴があることがわかる。

第一は、文科省は、ＺＴＰの目的と内容をことのほか正確に理解したうえで輸入しようとしたことである。国研報告書においては、「段階的指導（プログレッシブディシプリン）の事例」というコラムが設けられ、ゼロトレランスが紹介されている。「ゼロトレランス」が「寛容ゼロ」と訳され、「『安全で規律ある学習環境』を構築するという明確な目的のもとで、小さな問題行動に対して学校が指導基準にしたがって毅然とした態度で対応するという、理念」（14頁）と紹介されている。そして、ＺＴＰと「深く関わっている」ものとして「段階的指導（プログレッシブディシプリン）」が取り上げられ、「大きな問題行動に発展させないために、小さな問題行動から、あいまいにすることなく注意をするなど、段階的に指導をする方式である」（14頁）と説明されている。

このような紹介や説明をベースにして、日本においても、「児童生徒の『安全で規律ある学習環境の確保』という観点から、『他人に迷惑のかかる行為』『授業中の態度』『時間厳守』など、児童生徒としての最低限のルールとマナーを遵守させるためには、毅然とした態度で繰り返し粘り強い指導をすることが必要である」と述べている（11頁）。そして、「毅然とした粘り強い指導」として「注意、叱責、居残り、起立、宿題、……文書指導、別室指導、訓告」から、停・退学処分に至るまでの懲戒的措置をどのように実施していくかにあたっては、「段階的指導（プログレシッブディシプリン）」が「参考になる」として、先の「コラム」を「参照されたい」としている（13頁）。

つまり、ＺＴＰの目的である競争的学校秩序の維持を「安全で規律ある学習環境の確保」と言い換え、ＺＴＰの方法である個別事情を考慮しない例外なき罰の適用を「毅然とした態度で対応する」と言い換え、さらには、ＺＴＰに組み込まれた「窓割れ理論」を「段階的指導」と言い換えて、軽微な非違行為にも、「宿題」、「文書指導」のほか「別室指導」などの定型化された重い罰で臨むべきだとしているのである。

文科省がＺＴＰをことのほか正確に理解していたことは国研報告書だけではなく、２００６年6月の児童生徒課長通知の発出者で、当時の児童生徒課長であった坪田眞明氏の手による「巻頭言：『ゼロトレランス方式』について」（文部科学省初等中等教育局児童生徒課『生徒指導メールマガジン』第16号（２００６年1月31日））との論稿からも確認できる。この論稿では、「ゼロトレランス」が次のように説明されていた。

「クリントン政権以来、米国の学校現場に導入されている教育理念及び教育実践を表現したもので、学校規律の違反行為に対するペナルティの適用を基準化し、これを厳格に適用することで学校規律の維持を図ろうとする考え方であり、軽微な違反行為を放置すればより重大な違反行為に発展するという『破れ窓理論』による説明も見られます。」

新教育基本法第６条との関連付けと教育論としての拡大

第二の特徴は、文科省が、ＺＴＰを、新教育基本法第６条に規定された「教育を受ける者が、学校生活を営む上で必要な規律を重んずる」ことを具体化し、かつ、懲戒、出席停止および教師による有形力の行使を一体的に活性化させるものとして抑えながらも、法律論としてではなく、教育論としてＺＴＰを拡大させようとしている、ということである。

２００７年２月の文科省初等中等教育長通知は、前書きに、新教基法６条中の先の文言を引用し、「問題行動を起こす児童生徒に対し、毅然とした指導を行う」ことを教委と学校に「お願い」して前書きを結んでいる。そして、「記」以下の本文において、「規範意識の醸成のため、……きまりや対応の基準を明確化」し、「一貫した指導を粘り強く行う」ことによる「生徒指導の充実」をうたっていた。それに合わせて、出席停止を「ためらわずに検討する」ことを求め、さらには、「有形力（目に見える物理的な力）の行使により行われた懲戒は、その一切が体罰として許されないというものではなく、」との見解を明らかにし、有形力の行使を助長したのである。

文科省はＺＴＰの輸入と拡大の正当化根拠を新教育基本法第６条に求めているのだが、それにもかかわらず、ＺＴＰを法律論として拡大するのに不可欠となるはずの子どもに対する学校・教師の懲戒を定めた学校教育法第11条の改正や解釈の抜本的な修正を行ってはいない。

学校教育法11条は「教育上必要があると認めるときは」子どもに懲戒を行うことができると規定し、非違行為を行った子どもに対する一方的な非難も教育上の必要性があるときに限って行いうるとしている。これに対して、ＺＴＰは個々の子どもの事情を考慮することを学校に一切許さず、一律かつ機械的に罰を課すべきことを求めている。学校教育法が「教育上必要があると認めるとき」として個々の子どもの個別的な事情の考慮を義務付けていることと、ＺＴＰが機械的な罰の適用を求めていることとは相互排他的な関係に立つ。

ＺＴＰを法律論として拡大しようとするのであれば、ＺＴＰ拡大の壁となっている学校教育法11条を改正し「教育上必要があると認めるときは」との文言を削除するか、新教育基本法が制定されたことを理由にしてこの文言の解釈を抜本的に修正する通達を発することが不可欠となる。しかしながら、文科省はそのような改正を行っていないばかりか、抜本的な解釈の見直しを行う通達を発することさえもしていない。[9]

文科省は、ＺＴＰを法律論として日本に拡大する際に法的な壁として立ちはだかる学校教育法第11条を法的に除去できなかったので、ＺＴＰを結局は教育論としてしか拡大することができなかったものといえる。文科省によるＺＴＰの教育論としての拡大は、文科省がＺＴＰの意味を正確に理解していたゆえこその、苦肉の策ということもできるのである。

Ⅲ　ＺＴＰの子どもの成長発達へのダメージ

２０１２年７月の新潟県立高等学校における自殺事案

ではＺＴＰは子どもの成長発達にいかなる影響を与えるのであろうか。

日本の現段階においてこの問題を検討するためのもっとも適切な素材を提供しているのは、新潟県立の高等学校において起きた高校3年生の自殺事案を、ＺＴＰが子どもに与える否定的な影響という観点から分析している第三者調査委員会の調査報告である。[10]

この事案は、ある部の中心選手であった高校3年生の男子（以下、男子生徒）がサポート役の他の部員の一人を非難する書き込みをインターネット上で行い、サポート役の部員全員が退部するという事態が生まれたことをめぐって学校による指導がなされ、それが原因となり自殺した、というものである。

男子生徒は高校2年生の時にもインターネットへの書き込みをめぐって校長から特別指導を受け、保護者の署名入りの反省文を提出させられたことがあった。男子生徒がインターネットへの不適切な書き込みを理由として学校から指導を受けるのは2度目となる。この県立高校では、インターネットへの不適切な書き込みをした生徒への指導は厳しく、男子生徒が2年生だったときには、他の部に所属している友人がインターネットへの不適切な書き込みを理由に、夏休みの間、休部させられていた。

男子生徒は、インターネットへの書き込みによって起きたサポート役の部員の退部という事態を受けて、自らの言い分を主張する機会とするために部活のミーティングを開くことを顧問に提案した。顧問は提案を了承した。が、顧問はミーティングが行われる日の昼休みに男子生徒の他、部の中心的選手である他の2名の生徒を呼び出し、この事態についてもう一人の顧問が「あきれている」こと、「このままでは部活動を行うことはできない」と言っていることを伝えた。そして、もう一人の顧問の言っていることを踏まえてどうすべきかを考えてミーティングをするよう言い渡した。

男子生徒はその日の放課後と翌日の放課後に行われた部活のミーティングにおいて、今回の書き込みによって生まれたトラブル、すなわちサポート役の部員全員の退部という事態の責任を取るために、当面の間、選手としての活動をやめてサポート役に回りながら、時機を見て退部する旨を申し出た。顧問からも他の部員からも異論は出されることはなく、申し出は了承された。

この数日後の朝に男子生徒は、顧問から指導をするので放課後に来るように言われ、放課後数十分にわたってインターネットへの書き込みをまだ消去していないことについて指導を受け、その場で書き込みを消去させられた。その際、数学の教師になることが男子生徒の進路希望であることを知っていた顧問から、教師になるのであれば人の気持ちがわかるようにならなければならないとの趣旨の指導を受けていた（なお、この指導において、顧問の教師によって暴言や恫喝などがなされた事実は確認されていない）。

男子生徒は、自宅に帰宅後の深夜に、「悪いのはいつもオレだ」との書き出しから始まる名宛人のない遺書を書き残して自殺をした。

インターネットへのZTPの適用

この県立高校における生徒指導の特徴は、インターネット上における非違行為に対して一貫して厳しい指導が行われていたことにあった。

このような指導が行われていたのは、「中学生や高校生の問題行動の陰には必ず携帯やスマホが絡んでいるとの警察が有している認識を、本学校も共有していた」（調査報告書33頁）からであった。

警察の認識が、この県立高校においてどのような経緯で共有されることになったのか。

この県立高校の生徒指導主事が生徒指導担当教諭向けに発行していた「生徒指導関連の会議録」の一つにこの経緯が書かれている。２０１１年10月26日に開催された「第2回中学校・高等学校生徒指導連絡協議会」において当時の県警本部生活安全部少年課上越サポートセンター長が「補導を通してみる子供のすがた」という講義を行った。生徒指導主事はこの講義のポイントを、「昔は『犯罪の裏に女あり』、今は『非行の裏にケータイあり』の時代」とまとめ、この県立高校の教諭らに伝えていたのである（調査報告書33頁）。校長もインターネット上の悪口などが、「『悪質ないじめに繋がる第一歩と言いますか、そういうことであるからみんなで早く芽を摘まなくてはいけない、そういう認識は全員が持っていたと思います』」と答えている（調査報告書33―34頁）。

この県立高校においてはインターネットに限定して、ＺＴＰに組み入れられた「割れ窓理論」が採用され、時には校長による特別指導という罰が、時には高校生にとっては命ともいえる部活動の停止という重い罰が、その時々の判断で加えられていた。

男子生徒は、高校2年生の時に校長による特別指導を受け、さらに友人が重い罰を受けているのを見ている。高校3年生になってから再びインターネットでの書き込みが問題となったときに、男子生徒が、学校から罰を受ける前に、選手をやめて当面サポート役に回り、その後には部活も止めるという提案を自らしたのは、実質的には「自己処罰」としての意味を持っていた。そして、男子生徒は、自己処罰を加えた数日後にさらに指導を受け、その数時間後に自殺をしたのである。

「人格と行為の区別」の困難という子どもの心理的特性とＺＴＰ

以上のような事実のなかに男子生徒を生から死へと跳躍させるほど強烈なプレッシャーを見出すには、男子生徒の心の中で起きたことを、子どもの心理的特性である「人格と行為の区別の困難さ」という観点から検討する必要がある。

人格と行為の区別とは、非違行為を犯したことと自分の人格そのものとを区別し、非違行為に対する非難を自己の人格への攻撃とはとらえないという感覚である。そもそも罪とはこのような人格と行為の区別を前提として、人格それ自体を非難するのではなく、あくまでも行為を批判することを意味している。人格それ自体への攻撃は「恥」、すなわち、自らの人格を全て入れ替えたいと思う感覚を強いることを意味する。[11] 人格への非難によって生まれる「恥」の意識と、行為への非難によって生まれる「罪」の意識を区別できるようになることは、円滑な関係を他者と結ぶ上で決定的に重要となる。この区別ができないと、行為への非難を人格への攻撃と受け止め、人格崩壊の危機に直面するか、逆に、行為を非難した相手の人格を破壊しようとする行動に出ることになるからである。

成長発達の段階にある子どもの心理的特性は、この人格と行為の区別ができずに、自らの行為に対する非難を人格そのものへの攻撃ととらえ、そのような非難を受けた時に人格を全面的に否定されたと感じてしまうことになる。幼児を叱る場合に大人がよく用いる「○○ちゃんのことは大好きだけれども、こういうことはしてはいけないよ」という言葉がけも、このような子どもの心理的特性に応答したものなのである。そして、このような言葉がけによって子どもは、自分が怒られても、自らの人格を全面否定されているのではなく、自らの人格を全面否定する必要がないことを理解できるようになる。そして、自分の人格を保存しながら、しかしそれを発達させて、非難に値する行為をしなくなる。

ＺＴＰの最も大きな難点は、子どもの「行為」だけに働きかけの対象を限定していることにある。ＺＴＰにおいては、子どもは行為への非難を受ければ人格の全面否定という恐怖にさらされること、そして、人格の保存のための働きかけが伴わなければ、子どもに対する非難は子どもの精神的健康に大きなダメージを与えるということは、一切考慮されていないのである。

ＺＴＰを適用する側は「行為に対して非難を加えているだけだ」と思っていても、子どもは人格と行為を区別できないか、それを行うことには困難があるので、行為への非難を人格の全面否定と受け止め、大きなダメージを受けることになるのである。

新潟県立高校の自殺事案に示されたＺＴＰの子どもへのダメージ

新潟県立高校の自殺事案の調査報告書は、「本生徒の自殺に関しては、その内面に十分な配慮を欠いたまま、本生徒の問題行動に対する批判だけを行った本学校における一連の生徒指導が最大の要因であったことは否定できない」（48頁）と結論づけている。その際、子どもの心理的特性を踏まえたうえで、男子生徒が受けたダメージを次のように説明している（35頁）。

「問題行動に対する批判を行う場合であっても、人格の否定と受け止められないようにすることが、批判の効果を上げるためにも、また、批判によって生徒がダメージを受けないようにするためにも不可欠である。具体的には、個別事情や経緯を十分に聞き取り、そのような行為をとることを自らに許すに至った自らの善悪の判断基準までをも一緒になって明らかにし、それを生徒と一緒になって丁寧に是正していくことが必要となる。これにより、自らの人格が保存されているとの実感を生徒に与え、また、自らの人格を新たなものへと組み替えていく動機を与えることができる。

ところが、本学校の本生徒に対する指導は、これとは全く逆であった。……本生徒が部のトラブルの責任をとって……退部するという提案をした際に、顧問としては、このような自らの人格を全面否定するような重い自己処罰が問題を解決せず、また、問題行動に比して重きに失するものであるとして、この提案を拒絶し、生徒と一緒に問題解決の努力をすべきであった。部活のミーティングで、自らの提案に明確に反対されることなく、人格を否定されたと感じた本生徒が、数日後に指導を再び受け、その際に、将来の希望までをも言外に否定されたことにより、再び自らの人格が全面的に否定されたものと感じ、相当に大きな打撃を受けたことは容易に理解できる。」

男子生徒が残した遺書は「悪いのはいつもオレだ」との書き出しから始まっている。そして「誰が正しくて誰が間違っていても関係ない　オレが悪いと聞いたら、人の本当の気持ちとか考えなんて聞こうとしやしない　何を言っても結局、最終的に悪いのは全部オレなんだ」と続けられている。[12] 冒頭わずか4行に3回も登場する「オレ」という言葉が男子生徒の人格そのもの、あるいは男子生徒の人格全体を意味しているものと理解するのは容易である。「オレ」は学校で否定され続けてきたのである。

遺書の途中で「オレ」は「善である悪」と表現しなおされ、「善である悪は、非難され突き放され、憎まれていく」と書かれている。男子生徒は、自らの人格を否定され続けてきた挙句に一人ぼっちにされてしまったことへの強い抗議の意思を自殺の直前に示していたのである。

調査報告書は、男子生徒が受けたダメージと遺書とを重ね合わせながら自殺に至るまでの男子生徒の内面の動きを次のように総括的に途述している（51頁）。

「本人にとってはアイデンティティの大部分をそこに負ってきたであろう……部の活動を自ら断念するという判断が、自罰とはいえ、いかに過酷で辛いものであったかは想像に難くない。顧問も、自分がこれだけのペナルティを引き受けた以上は、さらなる叱責は控えるだろうという見込みもあったはずである。それだけに、Y教諭から再度の呼び出しがありブログへの書き込み削除の指導を受けたことは、本生徒にとっては大変なショックだったことは想像に難くない。あれほどの罰を引き受けてもなお責められるとすれば、それはもはや罰や指導ではなく、自分という存在の否定に違いない。本生徒がそのように感じたとしても不思議はない。」

この自殺事案は、子ども期にある人間の、人格と行為の区別ができない、あるいは区別することが困難であるという心理的特性をＺＴＰが無視しているがゆえに、青年期にある人間にでさえも自殺という事態を引き起こしうる極めて危険なものであるということを示しているのである。

Ⅳ　ＺＴＰの「社会的駆除」のための対抗軸と課題

教育論的対抗軸とその課題

ＺＴＰが子ども期にある人間の心理的特性を無視しているがゆえに子どもにとって極めて危険であることが明らかにされつつある段階において、ＺＴＰに対してとるべき策はその「社会的駆除」でしかありえない。そのためには大きく分けて二つのことが課題となるものと考えられる。

第一は、事実認識あるいは教育論の問題として、ＺＴＰが子ども期にある人間にとって極めて危険なものであるという認識を広く社会に共有させる必要があるということである。ここで課題となるのは、まだ社会に根強く残っている考え方、すなわち、子どもの問題行動への対応としての一方的非難である懲戒あるいは罰を是認する考え方を根本から改めることができるかどうかである。

学校における子どもの非違行為に対しては「懲戒」という手段が法的にも正当化されてきた。これは、子どもの思考に存在する非合理的なものを大人がその権威によって追い出し、合理的なものに置換すべきだという考え方に基づいている。懲戒に関する法律はこのような考え方を基にして、権威による追い出しを「懲戒」として是認しながら、ただし、権威の行使にともないがちな「行き過ぎ」、すなわち過度の体罰や重きに失する懲戒処分は許容しないという構造をとってきた。

しかしながら、学校体罰や懲戒処分に関してこの30年間に蓄積してきた研究は、学校や教師による一方的非難である懲戒そのものの放棄さえをも主張するに至っている。子どもの思考は非合理的であるとする前提が間違いであり、子どもの納得を伴わない一方的非難は不必要であるばかりか、有害でさえある。

本当に必要とされ、かつ実効的なのは、子どもによる納得を引き出すことのできる非強制的な生活指導に他ならない。これゆえ、学校運営を実体的かつ相当程度に侵害しない限りは一方的非難を許容すべきではないと論じられるに至っているのである。[13]

法律論・憲法論的対抗軸とその課題

第二は、法律論さらには憲法論の問題として、国家が子ども期にある人間の行動に介入する場合には、子どもの人間としての成長発達保障が第一義的な目的となるべきであり、子ども期にある人間の心理的特性を無視し、人間としての成長発達に有害な影響を与えるような介入はそもそも許されないのだという合意を社会的に作り上げ、それを法規範として国家に押し付けるということである。

これにかかわってもっとも重要となるのは、国家に押しつけられるべきこの法規範が憲法によって押しつけられているということをおさえることである。「個人の尊厳」の保障を国家の第一目的とする立憲主義国家においては、特定のグループの人間の尊厳はそのグループの特性を尊重して初めて守られる、ということがふまえられなければならない。子ども期にある人間の尊厳、すなわち子どもの尊厳は、子ども固有の心理的特性が尊重されてはじめて守られることになる。子どもの心理的特性にそぐわない措置を取ることが国家に禁止され、そのような心理的特性にマッチした措置をとることが国家に義務付けられるのは、そのようにしてはじめて国家は憲法上守らなければならないとされる個人の尊厳を子どもについて守ることになるからなのである。

このような憲法にかかわる社会的合意をベースにしながら、学校教育法11条に規定されている「教育上必要があると認めるとき」という文言の意味を先述した教育論に即して、「生活指導によっては対応できない必要があるときにのみ」と読み替え、子どもへの一方的非難である懲戒が許される場面をごくごく例外的なものに極小化すべきだという考え方を、親や教育関係者はもとより、社会全体に定着させていくことが求められる。ＺＴＰの国内への拡大に対する法的な壁として学校教育法第11条がすでに文科省によって強く意識されているので、この法的な壁を憲法論に基づいてさらに高く強くしていくことと言い換えることもできる。

以上のような第二の課題は、子ども期にある人間の成長発達保障を国家の正当な目的から排除しようとする新自由主義国家理論との正面対決を意味する。これゆえ、ＺＴＰを「駆除」しようとする教育運動は、新自由主義国家理論に基づいて国家の機能と組織を全面的に改変しようとする動きに対抗する他の領域における運動との連携が求められることになる。

おわりに

「ＺＴＰの実験地」である福山市は同時に「新自由主義教育改革の全面的な実験地」でもあった。福山市でのＺＴＰと競争主義的教育を駆除する運動は、新自由主義国家理論と正面から対峙する運動でもあるので、おのずと日本国憲法擁護の運動や反貧困の運動と連動することになろう。そのような広がりを持つ運動の地域における構築と地域間の運動の連携の拡大に本章で示したＺＴＰの構造解析と疾患分析、そしてＺＴＰの社会的駆除に向けての展望がいくばくかでも貢献することを願って終わりとしたい。

注

1　Yosuke YOTORIYAMA & Takuya TAKAHASHI, *Zero Tolerance Policy in School and Deprivation of Liberties: Case of a City in Western Japan,* February 2014.

2　より詳しくは、参照、世取山洋介「ゼロ・トレランスに基づく学校懲戒の変容の教育法的検討」『日本教育法学会年報』45号、１０７頁、２０１６年。

3　平成24年７月新潟県立高等学校生徒の自殺事案に関する第三者調査委員会「平成24年７月新潟県立高等学校生徒の自殺事案に関する調査報告書」（２０１６年７月）。調査委員会は２０１４年４月に活動を開始し、調査報告書を提出する２０１６年７月まで活動をし、25回にわたって会議を開催したほか、遺族、教師、元生徒ら20名以上からの聞き取り調査を行っている。

4　American Psychological Association Zero Tolerance Task Force, *Are Zero Tolerance Policies Effective in the School?: An Evidentiary Review and Recommendations,* 63 American Psychologist 852, 2008, at 852.

5　George L. Kelling & James Q. Wilson, *Broken Windows: The Police and Neighborhood Safety,* The Atlantic, March, 1982, at 29.

6　Steven C. Teske, *A Study of Zero Tolerance Policies in Schools: A Multi-Integrated Systems Approach to Improve Outcomes for Adolescents,*24 Journal of Child and Adolescent Psychiatric Nursing 88, 2011, at 89.

7　新自由主義国家理論（the neoliberal theory of states）については、さしあたり、以下を参照のこと。Raymond Plant, *The Neo-liberal State,* 2012. Daniel Stedman Jones, *Master of Universe,* 2012. Jamie Peck, *Construction of Neoliberal Reason,* 2010.

8　Bernard E. Harcourt, *Neoliberal Penalty: the Birth of Natural Order, the Illusion of Free Market,* U of Chi. L & Econ., Olin

Working Paper No. 433; U of Chi. Pub. L. Working Paper No. 238, 2008, at 2.「自然的秩序という考え方、すなわち、政府は経済領域から追い出され、境界に追いやられ、この境界において、そしてそこにおいてのみ、政府には自由な支配が認められ、自らを拡大し、介入し、かつ、罰——多くの場合、重い罰——を科すことができる、という経済と社会に関する言説こそが、新自由主義的罰を誕生させたのである」（傍点は本文ではイタリック）。

9　新教育基本法第6条に基づいて学校教育法第11条に規定された「教育上必要があると認めるときは」との文言の意味を抜本的に改めるには、新教育基本法が全体として法令の解釈をする際の基準を提供するもの——原理法——としての性格を有していることが前提となる。旧教育基本法は原理法としての性格をもたされてきたが、それは、旧教育基本法が全体として日本国憲法と順接し、日本国憲法の基本原理を教育について具体化するものであったからである。

これに対して、新教育基本法は、その大部分が日本国憲法と無関係か、日本国憲法と逆接しているので、原理法としての性格を有しているとはとても言えない。

これまで文科省は、新教育基本法が旧教育基本法と同様に原理法としての性格を有するとは明言してこなかった。新教育基本法第6条を根拠にして学校教育法11条の解釈の抜本的な見直しを行わなかったことは、文科省としても新教育基本法を原理法と認めることはできなかったことを示している。

10　この調査報告書も引用している大貫隆志編著『指導死』（高文研、２０１３年）もまた有益であるが、同書で紹介されている事案もＺＴＰが子どもの成長発達に与える否定的な影響の表れという観点から再検証される必要がある。

11　参照、June Price Tangney & Ronald L. Dearing, *Shame and Guilt*, 2004.

12　調査報告書において公開されている遺書は次の通りである（○は公開された調査報告書においてマスキングされている部分）。

「悪いのはいつもオレだ
誰が正しくて誰が間違っていても関係ない
オレが悪いと聞いたら、人の本当の気持ちとか考えなんて聞こうとしやしない

何を言っても結局、最終的に悪いのは全部オレなんだ
○○○○○○○○○○○○○○○○○○
○○○○○○○○○○
悪が善を装って善は悪にしたてあげられる
悪である善は、同情され、受け入れられ、愛されていく
善である悪は、非難され突き放され、憎まれていく
○○○○○○○○○○○○○○○○○○○○○○○
○○○○○○○○○○○○○
善を装う悪と無知で無能な善じゃないのか?
○○○○○○○○○○
○○○○○○○○○○○○○○○○○○○○○○○○○○○○○○○○○○
○○○○○○○○○○○○○○○○○○○○○○○○○○○○○○○○○
○○○○○○○○○○○○○○○○○○○○○」

13　市川須美子『学校教育裁判と教育法』三省堂、2007年、110—116頁。

Ⅱ部　広島県福山市のゼロトレランス実態

2章　広島県福山市におけるゼロトレランスに基づく学校教育の全体像

小野方資

はじめに

本章の目的は、広島県福山市の市立小中学校に導入されている「生徒指導規程」（以下、「規程」）を概観し、「規程」およびこれが依拠するゼロトレランスの方針（Zero Tolerance Policy 以下、ＺＴＰ）がどのように生活指導、進路指導、そして教科教育に波及し、子どもの権利に問題を及ぼしているかを明らかにすることです。これにより、他の地域で教育委員会や学校により導入されているＺＴＰに基づく規則や、スタンダードとして設定される規範・基準が子どもの権利に及ぼす問題点も明らかになると思われます。

このため本章は、ⅠとⅡで「規程」の導入経緯と内容を概観し、次にⅢで、「規程」の運用の具体を聞くため、福山市内の中学校により「規程」で処遇された子どもや保護者を対象にしたインタビューを分析します。続くⅣとⅤで、「規程」の法的性質を検討した上で、「規程」ならびにこれが依拠し、学校に深く浸透したＺＴＰと子どもの権利との緊張関係を分析します。

Ⅰ　ゼロトレランスに基づく「生徒指導規程」の導入地域――広島県福山市

「規程」導入の経緯

「規程」は、福山市教育委員会（以下、市教委）から市内公立学校長に宛てられた「生徒指導資料の作成について（通知）」（２００９年10月30日福教指第95号の29）を受け、２０１０年夏頃から各市立学校で作成されました。[1] この通知には広島県教育委員会（以下、県教委）による「生徒指導資料の作成について（通知）」（２００９年10月16日）と「生徒指導資料№32 児童生徒の規範意識を醸成するための生徒指導体制の在り方について」[2]（２００９年10月、以下「生徒指導体制の在り方について」）が添付されています（資料１）。

生徒指導資料No．３２（改訂版）　平成２１年１０月

児童生徒の規範意識を醸成するための生徒指導体制の在り方について

広島県教育委員会

1　はじめに

子ども達を取り巻く社会環境が大きく変化する今日，児童生徒の健全育成に当たっては，児童生徒一人一人の規範意識や自律心を高め，社会的自立を進めていくことが重要な課題になっている。

また，問題行動の背景・要因には，家庭の養育上の問題，児童生徒本人に関わる問題，社会環境の有する問題などが指摘されているが，同時に学校においては，児童生徒の実態や社会の変化に応じた生徒指導体制の在り方が問われている。

生徒指導体制を確立し，組織的な生徒指導を進めるためには，児童生徒の発達段階を踏まえた生徒指導規程等を整備し周知するとともに，問題行動を起こした児童生徒には，毅然とした対応を行うことが大切である。

2　生徒指導規程等の整備と周知等について

現代社会においては，高度情報化，都市化，少子化にともない「価値観の多様化」がますます進行している。

このような状況の中，学校には，説明責任が課せられており，社会や子どもの変化に柔軟に対応しつつ，学校における教育活動や指導が一般社会と乖離していないか点検することが重要となっている。

また，児童生徒の問題行動や非行に対しては，各学校の生徒指導の基準となる生徒指導規程等をあらかじめ整備し，この規程等に基づき「社会で許されない行為は，学校においても許されない」という学校としての姿勢を明確に示すことが大切である。

さらに，生徒指導規程等を児童生徒や，保護者等学校関係者に周知徹底することが望ましい。

（１）生徒指導規程等について

各学校においては，「どのような児童生徒を育てたいのか」という明確な児童生徒像と確かな理念を児童生徒及び保護者に示すとともに，児童生徒の問題行動に係る指導項目や指導方法を明確にしておくことが大切である。

ア　表記すべき項目等について

生徒指導規程等には，その目的を明確に示すとともに，「学校生活に関すること」（登下校，欠席，遅刻，早退，外出，授業規律，制服，身なり，不要物や携帯電話の持ち込みなど），「校外での生活に関すること」（交通安全，運転免許証の取得，アルバイトなど），「特別な指導に関すること」（指導対象となる問題行動，反省指導の形態・実施方法，反省期間中の留意事項，反省期間の目安など）について表記しておくことが望ましい。【別紙１】参照

イ　特別な指導の期間について

生徒指導規程等に基づく特別な指導を実施する際は，児童生徒に自ら起こした問題行動を反省させ，より良い学校生活を送るための方法を考えさせ，実行させるよう指導することが大切である。

また，特別な指導の期間についての計画や目安を児童生徒や保護者に事前に伝え，児童生徒への動機付けを行うとともに，反省への展望を与えることが重要である。

指導に当たっては，示している標準例を参考に，児童生徒の反省の状況やこれまでの指導の経過等を踏まえ，指導期間を定めることが必要である。

一方，特別な指導を実施するに当たり，標準例を形式的に当てはめたり，目的が曖昧なまま，長期間行うことは望ましくない。

－1－

資料１　「生徒指導体制の在り方について」

「生徒指導体制の在り方について」は「社会で許されない行為は、学校においても許されない」との姿勢を示すため「児童生徒の問題行動や非行に対しては、各学校の生徒指導の基準となる生徒指導規程等をあらかじめ整備」し、これに触れるとされる行為があったら「問題行動の事実を明確に」

別紙1

生 徒 指 導 規 程（例）

第1章　総則

（目的）

第1条　この規程は，本校の教育目標を達成するためのものである。このため，生徒が自主的・自律的に充実した学校生活を送るという観点から必要な事項を定めるものである。

第2章　学校生活に関すること

～　略　～

（髪型）

第○条　社会の一員としてふさわしい，高校生らしい髪型とし，次のことを禁止する。

(1) 特異な髪型（モヒカン，パンク，パーマ，アイロン，そり込み等）

(2) 染色・脱色

2　違反があった場合，特別な指導を行う。

（化粧・装飾・装身具）

第○条　次のことを禁止する。

(1) 口紅（色つきリップクリームを含む），マスカラ等の化粧類

(2) マニキュア等の爪や皮膚への装飾

(3) ピアス，指輪，ネックレス，ブレスレット，サングラス，カラーコンタクト等の装身具

(4) 眉毛のそり落とし，睫毛の加工

2　違反があった場合，特別な指導を行う。

（制服）

第○条　校内外の学習活動及び登下校（休業日を含む）の際は，学校が定める制服を正しく着用すること。

(1) 冬服　本校規定のスーツ・ネクタイ及び長袖カッターシャツ

(2) 夏服　本校規定の半袖カッターシャツ（ネクタイは着用しなくてもよい。）

2　自分の体調や季節・気象状況を自らで判断し，本校規定の制服を正しく着用すること。ただし，上着・ベスト・長袖カッターシャツを着用する場合はネクタイを必ず着用すること。

～　略　～

第○章　特別な指導に関すること

（問題行動への特別な指導）

第○条　次の問題行動を起こした生徒で，教育上必要と認められる場合は，特別な指導を行う。

(1) 法令・法規に違反する行為

① 飲酒・喫煙

② 暴力・威圧・強要行為

③ 建造物・器物損壊

④ 窃盗・万引き

⑤ 性に関するもの

⑥ 薬物等乱用

⑦ 交通違反

⑧ 刃物等所持

⑨ その他法令・法規に違反する行為

(2) 本校の規則等に違反する行為

① 喫煙同席・喫煙準備行為（煙草等の所持）

② いじめ

③ カンニング

④ 家出および深夜徘徊

⑤ 無断免許取得（※1）および乗車

⑥ 無断アルバイト

⑦ 暴走族等への加入

⑧ 登校後の無断外出・無断早退

⑨ 指導に従わないなどの指導無視及び暴言等

⑩ その他，学校が教育上指導を必要とすると判断した行為

（反省指導）

第○条　特別な指導のうち，反省指導は次のとおりとする。

(1) 説諭

(2) 学校反省指導（別室反省指導・授業反省指導，奉仕活動等）

(3) 家庭反省指導（※2）

（反省指導の実施）

第○条　反省指導は，原則として学校反省とする。ただし，状況によっては家庭反省（※2）を行う場合がある。

2　学校反省は登校させて別室で行う反省指導と通常の学校生活（授業等）で行う授業反省指導の2段階とする。

(1) 反省指導期間中にある定期考査等は別室で受験する。

(2) 反省指導期間中にある学校行事や部活動の公式大会への参加は，別途協議する。

（学校反省指導の期間）

第○条　別室反省指導の期間は，概ね3日から5日とし，授業反省指導の期間は，概ね5日から10日とする。ただし，問題行動の程度や繰り返し等により指導期間を変更することがある。

～　略　～

【注（※）は高等学校，特別支援学校高等部のみ】

（なお，※2については，小中学校及び特別支援学校小学部・中学部において，週休日及び休日を活用して実施することができる。）

－6－

別紙1　生徒指導規程の例

し「規程」に基づいた「毅然とした対応」が必要であるとします。この資料の別紙1に「規程」の例が記載されており、この例を真似したために各学校の「規程」が似ていると思われます。

注目すべきは、「生徒指導体制の在り方について」で示された参考文献の中に、文部科学省（以下、文科省）初等中等教育局児童生徒課より都道府県教委担当課長に宛てた「児童生徒の規範意識の醸成に向けた生徒指導の充実について（通知）」（２００６年6月5日18初児生第12号）が含まれていた点です。

この通知は「アメリカで広く実践されている」ＺＴＰを紹介する『「生徒指導の在り方についての調査研究」報告書』（国立教育政策研究所生徒指導研修センター、２００６年5月）を引き、この「報告書の成果を生か」し、「生徒指導上の対応に係る学校内のきまり及びこれに対する指導の基準をあらかじめ明確化し」、「米国で実践されている『ゼロ・トレランス方式』にも取り入れられている『段階的指導』等の方法を参考」に、生活指導に臨むべきと述べています。[3]

「『規程』は子どもの権利を侵していない」――市教委の議会答弁から

「規程」がＺＴＰに依拠していることは、福山市議会での教育長の次の答弁でも確認できます。

「処罰の基準の明確化とその公正な運用で学校の規律の維持を図ろうとするゼロトレランスの考え方を参考にするとともに，規則違反等を繰り返す児童生徒には，教育相談等を通してその背景や原因を理解し，個に応じた指導が必要であると捉えております。

今後も，安心・安全な学校づくりに向け，小中9年間を見通した生徒指導規程を整備し，規範意識の醸成と自律心の向上を図るため，組織的，系統的な生徒指導を一層進めるよう指導してまいります。」（2

013年9月12日第4回定例会）

議会ではまた、ZTPが国連子どもの権利委員会による「一般的意見13号 あらゆる形態の暴力からの自由に対する子どもの権利」（2011年。以下「一般意見13号」）で問題にされていることに触れ、「規程」が子どもの権利と矛盾するのでは、と質問がありました。

これに対して教育長は、次のように答えています。

「生徒指導上の対応に係る学校内の決まり及びこれに対する指導の基準をあらかじめ明確にしておくこと，あらかじめ児童生徒または保護者等に対して明示的に周知徹底すること等に基づき，児童生徒全員が安全な学校生活を送るとともに，児童生徒一人一人の規範意識や自律心を高めるために，各中学校区で基準をそろえながら，各学校が策定しております。このことから，子どもの権利条約，国連子どもの権利委員会からの勧告に照らしても，問題はないと考えております。」（2015年6月24日第3回定例会）

これらの答弁は「規程」と子どもの権利との緊張関係を否定し、「規程」が効果を収めているとします。しかし、筆者が実施した後掲のインタビューを踏まえ「規程」による子どもの権利への影響の具体的な検証から見えてきたのは、ZTPに依拠した「規程」に基づく生活指導を通じて子どもの権利が侵害されている実態です。この実態の把握し、ならびに「規程」やZTPによる子どもの権利侵害に対抗しうる法理論を探求していく必要があります。

Ⅱ　「規程」の内容

「生徒指導体制の在り方について」は、「規程」に盛り込むべき内容をこう示します。

①学校生活に関すること（登下校、欠席、遅刻、早退、外出、授業規律、制服、身なり、不要物や携帯電話の持ち込み等）
②校外での生活に関すること（交通安全、運転免許証の取得、アルバイト等）
③特別な指導に関すること（指導対象となる問題行動、反省指導の形態・実施方法、反省期間中の留意事項、反省期間の目安等）

この内容に各校が独自に考案した条文を加え「規程」は作成されます。この際、学校は子どもや保護者等の意見を聴くことはなく、予め作成したものを子どもや保護者に対し、新学期や入学式等の折に提示します。ただし先述の理由によって、各校の「規程」には内容上の類似が多く確認できます。後掲のインタビューによる運用実態との比較のためにも、ある中学校の「規程」（２０１４年度のもの。以下、当該「規程」）を用いて内容を観察します。

学校内外の行動や姿への統制

当該「規程」の４条「服装身なり等」には「通学靴：白の運動靴とし、メーカーは問わない。靴ひもおよびラインも白とする」とあります。これに異議がある場合でも、「規程」が予め作成・提示されていることを理由に認められません。子どもと保護者には遵守が一方的に求められます。

本条には「違反が改善しなければ、特別な指導を行う」との記載もあります。この「特別な指導」は、上記③に相当します。この指導は当該「規程」の5条「頭髪」、7条「校内の生活」にもあり、詳細は9条「特別な指導」10条「別室指導」で定められています。

このように「規程」は、学校が考える子どもの〝正しい行動や姿〟の内容――条文による言及は学校内外の行動や姿に及びます――、「問題行動や非行」の内容、及び、これらを侵した場合に課される「特別な指導」の中身と運用を規定します。学校はこれらの内容を、予め条文化され子どもや保護者に提示されていることを理由に正当であるとしています。

「特別な指導」の内容――通報・逮捕と「別室指導」

当該「規程」の9条は、「特別な指導」は段階を追って実施すると定めています。本条は初めの段階を「事実確認、本人への説諭、反省文および保護者に連絡するケース」とします。ここには「服装や頭髪に著しい違反がある生徒は、その場で改善させる。それができなければ教室へ上がることは出来ない。保護者に連絡し、改善してから登校させる」と、教室からの排除が示唆されています。

これに該当するのは「①服装規定違反が繰り返される場合 ②立ち歩きや授業エスケープなど、学校生活の態度に問題がある場合 ③不要物を持ち込んだ場合（携帯電話を含む）④人としてマナーに反する言動を行った場合 ⑤道路交通法違反および通学違反をした場合 ⑥その他、学校が教育上指導を必要とすると判断した行為」とされます。

この次の段階を、同条は「すぐに保護者に来校してもらい、一緒に指導する。状況によって保護者引き取りや警察等関係機関と連携をする」とし、ここで警察への通報や逮捕の可能性が示唆されています。

該当するのは「①第1段階の指導で改善ができない場合 ②登校後の無断外出・早退 ③甚だしい授業妨害や校内徘徊など、他の生徒の学習の妨げとなる場合 ④喫煙（同席、タバコ、ライターの保持も含む）⑤他の生徒や教職員に危害を加えた暴力行為 ⑥意図的で暴力的な器物破損 ⑦試験における不正行為 ⑧その他、学校が教育上指導を必要とすると判断した行為」とされます。

教室に入れない処遇は「別室指導」（10条）といわれ「自らの行為を振り返り、過ちを認め、同じことを繰り返さないように自戒、反省し、今後の展望や目標を持たせる」のを目的としています。この運用のため「問題行動発生から別室指導、教室復帰までの指導の流れ」と「別室指導の詳細とルール」が、次のように記載されています。

前者は、「別室指導」の開始から終了を「①問題行動の事実確認 ②生徒指導委員会で別室指導の決定 ③保護者との面談（指導方針の説明）④別室指導を通しての経過観察（・反省と今後の約束・担任、学年主任、生徒指導主事、ＳＣ〔スクールカウンセラーのこと――引用者による補足〕による面談・課題学習）⑤生徒指導委員会で教室復帰の決定 ⑥保護者との面談（・原則、別室指導3日目終了時に行う・保護者との面談終了後、特別な指導を終了とする）」と決めています。

また本条は「別室指導」を次の3種と決めています。

1日の別室指導：①甚だしい授業妨害、授業エスケープ ②度重なるルール違反や指導無視 ③甚だしい暴言や威嚇行為 ④家出及び深夜徘徊。

３日の別室指導：①１日の別室指導で改善が見られない場合 ②暴力行為（対教師、生徒間、器物破損）③飲酒・喫煙及び準備行為（購入、所持）④いじめに加わっている場合 ⑤金品強要 ⑥その他学校が教育上指導を必要と判断した行為。

その他の期間：①逮捕された場合 ②複数の問題行動を同時に行った場合 ③１度目の別室指導後に問題行動を行った場合。

図１　ある中学校の「別室指導」の部屋を再現した絵。３つの小部屋に分けられている。一番左の部屋は、破損して扉がない。

後者の「別室指導の詳細とルール」では、「別室指導」の内容を「①ふり返りと反省、今後の決意 ②相談活動 ③学習活動（１時間の内容：漢字１２００字、教科書の書写、その他の指示された学習）」と定めています。加えて「別室指導中のルール」も「規程」中にあり、

①別室指導中は決められた教室に登校し、それ以外の場所に行ってはいけない
②特別な指導期間中の登下校は、原則、保護者の送り迎えとする
③先生の指示に素直に従う
④私語をせず、席に着きまじめに取り組む
⑤外部の生徒と接触しない
⑥トイレは先生の許可を得て行く

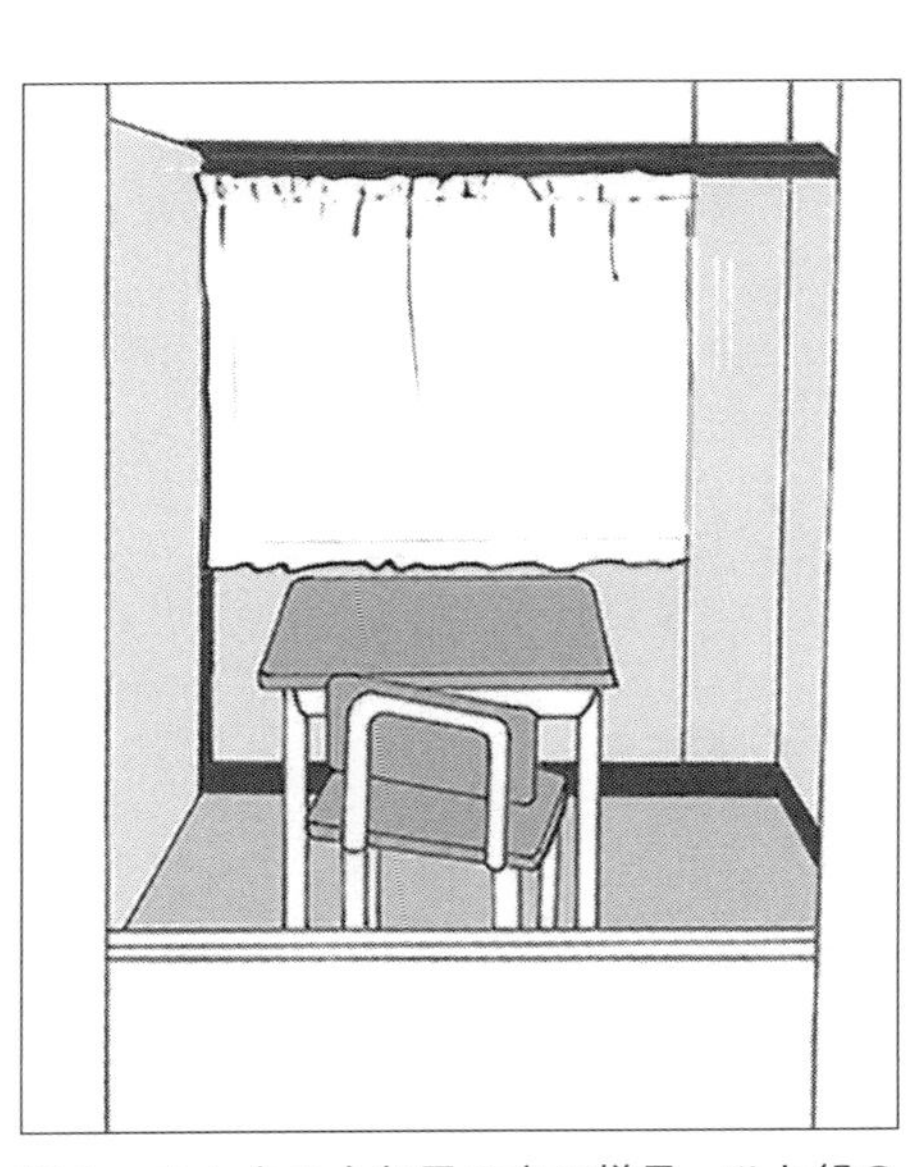

図２　まん中の小部屋の中の様子。ひと組の机とイス以外、何もない。部屋は推定で横120cm、奥ゆき280cm。前方の窓は、他生徒との接触を禁ずる目的から、カーテンがひかれている。

⑦別室指導中は部活動に参加できない
⑧別室指導のルールが守れないなど、自らの行為について反省ができていないと判断した場合、別室指導の期間を延長する

とあります。こうして「別室指導」の期間中は、他の子どもとの会話も接触も禁じられ、登下校は普段の時刻から別にされ、教室（学校によってはベニヤ板で仕切った小部屋）で、期間が終わりとされるまで教員の監督に服すことが課されることになります（図1、2）。

Ⅲ　「規程」の運用実態

インタビューによる三つのケース

上述の「規程」により「問題行動や非行」を起こしたとされた子どもの受ける処遇の実態は、次のインタビューから明らかになります。

中学生のAは、同級生の欠席について「いじめが原因ではないか」と教員に伝えました。しかしAは学校からいじめの加害者とされ「別室指導」が課されます。この指導の開始の際、Aによれば、「自分は加害者で

はない」と監督の割り当ての教員に訴えたものの、聞き入れられず、学校がいじめの状況調査をした様子もないといいます。この間、学校によるいじめに関する指導はなく、Aには漢字の書き取りやワークブック学習が課され、次第に「学校になに言っても仕方ない」と意識するようになります。

「別室指導」の期間を終えたのち、学校への不信感を募らせたAは不登校となります。またAは「『別室指導』から戻ると、数学の授業についていけなくなった」と言います。学校は、Aの「別室指導」期間の補習等は実施していません。その後、Aは午後から学校に行くようになるものの、学校へ不満を抱き続けています。

Bは中学校で「教員の胸ぐらをつかんだ」という「対教師暴力」を理由に警察に通報・逮捕されました。Bの行為は、この教員にB自身が学校内で先に胸ぐらをつかまれ、生徒指導室まで強く引かれて連れて行かれたためでした。しかしBによると、この「問題行動や非行」とされた行為の背景等が、学校や警察に聴聞されていません。学校に戻ったBには「別室指導」が開始されました。「別室指導」の期間を終え教室に戻る際にBは、自分の所属学級の全員の前で「問題行動と非行」とされた行為への反省文の朗読を課されます。

次に課されたのが、生徒指導担当の教員から10枚程渡された「学習の記録」に、教科担任より印をもらうことでした。これは1日1枚使うとされ、印は各時限に授業にまじめに取り組むと押してもらえることになっており、加えて、所定の欄にその日の反省文を書くものです。もし印をもらえないと「学習の記録」の枚数が増え、「別室指導」の再開もあり得るとのこと。Bは次第に学校へ不信感を募らせ、朝に家を出ても登校せず、公園で時間を過ごすようになりました。

Cは中学校の教室の「ガラスを割った」とされ、器物破損を理由に警察に通報・逮捕されます。この背景には、Cが抱いた教員による生徒指導の内容への疑問があり、Cはこうして壁を蹴ってしまったところ、ガラスが落ちた様子です。逮捕後、Cが学校に戻ると「別室指導」が開始されました。この際、学校からは、C

の「ガラスを割った」行為の理由等への聴聞はなく、「割った」という行為のみを前提とした指導と、漢字の書き取りとワークブックの学習が課されています。「別室指導」開始後まもなく、Cは不登校となります。

数カ月経ってある日、Cは学校に行く決意をします。しかし学校に行ったCを、学校側は「『規程』に則った別室指導が終わっていない」との理由で、「別室指導」再開のプログラムをCに用意し、提示しています。このちCは、再び不登校となります。

運用実態――身体拘束と学習機会の制限・聴聞や生活指導の不在・違反発見、即処分

A～Cから、「規程」の運用実態を次のようにいうことができます。

「別室指導」で目を引くのは、子どもが授業を通じた学習から排除され、特定の場所で身体が拘束され、懲罰的に漢字の書き取りやワークブック学習が実施されている様子です。[4,5]子どもの身体拘束と学習機会の制限は、BやCのインタビュー中の逮捕の事案でもみられます。これらが契機となり、子どもが授業へついていけないと意識し、学校への不信感を抱き不登校に至っている様子も確認できます。

加えて、「問題行動や非行」とされた行為ばかりが注視され、「規程」どおり学校により処分が下されることにより、問題とされる行為の内容の精査や、行為に至った理由等を子どもに聴聞し、そして、行為に至る背景を視野に入れて生活指導に臨む様子が学校からは見られません。[6]むしろ「規程」により「違反発見、即処分」というべき運用で処遇が下され、この処遇と「問題行動や非行」とされた行為との間に関連が見出し難いと考えられます。

したがって上述の学校への不信や不登校は、子どもが学校を、「規程」への順応を目的とした一方的な力を、脅迫[7]を伴い発動する場であると認識したため起きていると言えます。[8]

Ⅳ「規程」とＺＴＰの教育法的検討

「規程」の法的性質

「規程」の法的性質や、この運用による子どもの権利侵害の問題の分析に進みます。まずこのためには、「校則裁判」の研究と、これに関する教育法学説を振り返ります。

Ｉで記した各学校での「規程」作成の経緯から、「規程」の法的性質は、校長の「専門的、技術的判断に委ねられ」（熊本地判昭60・11・13判時１１７４号48頁）て作られている「校則」や「生徒心得」に相応します。

法令上、校則についての規定は存在しないものの、これは「児童生徒等が健全な学校生活を営みよりよく成長発達していくための一定のきまりであり、これは学校の責任と判断において決定されるべき」（文部事務次官通知「『児童の権利に関する条約』について」文初高第１４９号 平成6年5月20日）とされています。

校則は、教育法学説では「子どもの教育は、教育を施す者の支配的権能ではなく〔中略〕子どもの学習をする権利に対応し、その充足をはかりうる立場にある者の責務」（最大判昭51・5・21刑集30巻5号６１５頁）であるため、教員による教育指導の根拠と基準であり[9]、子どもに対し直接処罰に繋がる強制力を持つものではないとされます。したがって校則違反は、学校側の指導助言への不服従でしかなく、仮に校則に規定される価値的な内容が教育上有意味な場合でも、継続して生活指導の対象となるのみと考えられています。

子どもの権利侵害との関係で問題になる校則の内容は、子どもの生活行動を人権制約をも含んで校則が規制している場合と、校則により規定される内容自体の合理性に疑問がある場合です。

前者について教育法学説は、人権制約を含む生活行動規制の中身は学校教育法施行規則（昭和22年文部省令第11号）４条第1項にある学則の必要記載事項に含まれていないこと、加えて、別建てでこの記載の法的な根拠が示されていないことを指摘します。これらが逆説的に示すのは、教育法学説によれば、校則には子どもの基本的人権を含む権利や法的地位を、強制力を伴い変動させる効力はない、ということです。[10] この内容は「生徒の守るべき一般的な心得を示すにとどまり、それ以上に、個々の生徒に対する具体的な権利義務を形成するなどの法的効果を生ずるものではない」という最高裁判決（最1判平８・２・22判時１５６０号72頁）にも現れています。

後者について教育法学説は、校則の中身による規則内容が子どもと保護者の人権にかかわる場合と、学校教育目的のための規律である校則の規制効果が学校教育外に及ぶ場合に対して、特に厳格な校則の中身の合理性の審査が求められると考えます。この際、学校教育が「教育を施す者の支配的権能ではな」い以上、審査の基本原理は子どもの成長発達の保障とされねばならず――これを「実体的デュー・プロセスの保障」[11] といいます――、審査基準は子どもの権利条約と一体的に解された憲法に基づくことになります。

したがって、子どもの人権主体性が確認され、自身の人権の行使を通じ人権相互の調整の必要をも学習する機会が保障されるべき教育において、不合理な人権規制は許されてはならず、[12] 校則の策定の際に校長にあるとされた「専門的、技術的判断」で不合理な制約を子どもの権利に課すことは許されないと考えます。

不合理な権利制約が禁止される以上、校則の運用で「違反発見、即処分」という力の発動や、生活指導といった教育的な働きかけを略して、個人的教育判断や指導抜きの機械的かつ画一的な処分が見られた場合、これは非教育的な処分の発動となります。なぜなら、組織体の秩序維持のため違反者に課される懲戒と異なり、校則違反で課される懲戒等の処遇は、子どもの人間的成長過程の必要や発達段階等の考慮、すなわち教育的配慮に基づかなくてはならないからです。[13]

「規程」の批判的検討

法的性質が校則と同等である「規程」の運用実態を再確認すると、次のような子どもの権利侵害が認められます。

まず、「別室指導」の実施により子どもを学校内に留めながら、または警察への通報・逮捕により学校外に子どもを置きながら、授業等による学習から排除することは、憲法26条で保障される子どもの学習権の侵害です。もしこのような授業からの排除による学習権侵害を、漢字の書き取りやワークブック[14]による学習の実施で、または「社会で許されない行為は、学校においても許されない」や「毅然とした指導」といった言葉で正当化しようとするのなら、無理があります。

確かに、子どもが暴れる等の場合は落ち着かせるために一時的・例外的に教室と異なる部屋に送られるケースはあると思います。しかしこの場合でも、「別室指導」や逮捕の場合も、教室に戻った後に授業から離された期間の補習等の権利保障が必要です。

そして、学校により「問題行動や非行」とされた判断のみに基づく「違反発見、即処分」との運用は、懲戒であっても教育的配慮を必要とするという「校則裁判」研究で確認された学説を踏まえていない運用であり、非教育的な処遇です。

これにつき、次の3点に着目します。

まず、事実上の「停学」や「出席停止」といった処遇に違法性が認められます。「停学」は義務教育で課すことは法的に許されません（学校教育法施行規則26条）。「出席停止」は学校教育法35条1項で「性行不良であつて他の児童の教育に妨げがあると認める」場合に課されると規定され、49条で中学校に準用されます。

しかし本条の「出席停止」の命令権限は市町村教委にあり、校長や教員にあるわけではありません。かつ、この運用は「事前及び事後を通じて十分な教育的配慮の下」講ずるべきで「学齢児童生徒に対する〔中略〕実質的停学に当たる措置は、自宅謹慎、自宅学習等いかなる名称であれ、法令上禁止されている」とされます（文部省初中局通知「公立の小学校及び中学校における出席停止等の措置について」１９８３年12月５日文初中３２２号）。

したがって「規程」の運用実態にみられた学校内での隔離、すなわち事実上の「停学」「出席停止」は、学校により法律に基づかずに発動される教育的配慮のない処遇であり、子どもや保護者には「規程」に順応させるための脅迫的な力として映りえます。この映り方は、警察への通報と逮捕でも同様です。

二つめに、「問題行動や非行」とされる行為内容の学校による精査や子どもへの聴聞がなく、学校による警察への通報や「別室指導」の実施、ひいてはＢの事例で見られた「学習の記録」の累加を決定する際に、子どもの意見を聴く様子がない点は、子どもの権利条約12条の意見表明権の侵害です。

Ａ～Ｃで見られた状況は、子どもの権利委員会による日本への総括見解（54回会期２０１０年）のパラグラフ43の懸念、すなわち「学校が児童の意見を尊重する分野を制限し」「児童を、権利を有する人間として尊重しない伝統的な価値観により、児童の意見の尊重が著しく制限され」ている状態であり、意見表明権の保障と矛盾します。「問題行動や非行」とされる行為発生の際の聴聞は、当該行為の正確な把握と併せ、「校則裁判」の学説で見た通り、この過程が子どもの人間的成長の必要や発達段階を考慮した教育的配慮に基づく必要があります。

三つめに、学校による「別室指導」の実施や警察への通報は子どもの権利条約37条(b)～(d)にも矛盾します。インタビューに見られた、学校による一方的な「問題行動や非行」の認識や「別室指導」の実施や警察への通報といった処遇は「児童の逮捕、抑留又は拘禁は、法律に従って行うものとし、最後の解決手段として最も短い適当な期間のみ用いる」という条文に抵触し、子どもの「人道的に、人間の固有の尊厳を尊重して、かつ、その年齢の者の必要を考慮した方法で取り扱われ」る権利が保障されていません。また「別室指導」や警察での拘留が「弁護人その他適当な援助を行う者と速やかに接触する権利」を奪っている場合、これも子どもの権利保障上重大な問題となります。[15]

「規程」の存在による子どもの権利侵害――ＺＴＰに依拠するゆえの侵害

「規程」の依拠するＺＴＰを、教育法の観点から検討します。[16]

インタビューからは、学校により「規程」の運用が省察されている様子が聞かれませんでした。これは、「規程」の運用により子どもの権利侵害が生じうるという危惧も、「規程」に基づく学校の判断や指導内容の妥当性への省察も、学校や教員間にない状態といえます。

運用によりこの状態が現れたのは、「規程」が依拠するＺＴＰが「学校における安全の維持を目的として、非違行為と罰の事前のルール化、罰の適用されるべき非違行為の軽微なものへの拡大、軽微な非違行為への停・退学のほか学校内隔離（in-school suspension）などの重い罰の適用、および、ルールの例外なき適用を求める思想または政策」[17]を原理としているためであり、この原理に則って「規程」が文字通り寛容ゼロ（トレランス）で運用されたためといえます。併せて、「問題行動や非行」とされた行為内容の背景や事情を子どもに聞かずに「規程」どおりに裁量ゼロ（トレランス）で処遇が下されているためともいえます。[18]

以上から分かるのは、次のことです。ＺＴＰやこれに依拠する「規程」は、学校にこの運用を顧みて、別のあり方を考えさせません。併せて、ＺＴＰやこれに依拠する「規程」が導く権利侵害についても学校に反省的に振り返らせません。

Ⅴ　学校全体のＺＴＰ化――進路指導や教科教育へのＺＴＰの波及

最後に、ＺＴＰが生活指導の場面に留まらず、教科教育や進路指導などに至るまで、つまり学校全体に波及している実態に言及して、本章を終えます。

「私はバカです」事件の深層

次のような報道がありました[19]。福山市のある中学校で教員が、ソーラン節を踊るという課外活動中、指導する生徒約30人のうち約20人に「私はバカです」と叫ばせていました。彼は、このソーラン隊を新入生に紹介するメンバーを選抜するために、隊の生徒に自分の考えた言葉を大声で叫ぶよう求めました。これが思い浮かばない生徒に「バカです」と叫ばせたのです。この教員は「例を示したつもりが、強制のようになってしまった」、校長は「不適切な指導で申し訳ない。再発防止と子どもの心のケアに努める」と話しました。

この中学校の生徒・保護者のインタビューにより、このような事件が生じる構造と、これを学校・校長が放置していた理由が明らかになりました。

この教員は「選1（せんいち）に通りたいなら、自分のやる作文・小論文の課外講座に来ないと無理」と生徒に言っていました。「選1」は広島県公立高校入試のひとつで、正式名称は「選抜（Ⅰ）」です。これは、中学校長の発行による推薦書・調査書の内容と、高校が課す小論文や作文（体育学科等は実技試験の場合も）で合否判定されます。中3の多くは、選1の利用を望むようです。全国的に見られる5教科の入試（選抜（Ⅱ））や、定員不足の際に実施する入試（選抜（Ⅲ））もありますが、受験機会を増やすためです。

彼の課外講座は校内で周知のことで希望者も多かったようですが、しかし、希望者全員が受講できません。

受講可否の判断基準は彼の心中にあり不明です。生徒・保護者の間で認識されていたのは、この講座が勉強の苦手な子の補習という理由で設けられたのではないことでした。彼は、体調不良等で講座を一度でも休んだり、講座の課す宿題をやってこなかった・こられなかった場合「もう講座に来なくていい」とするなどして、自分のルールや意向に沿わない生徒をZTP的に振り落としていきました。

生徒や保護者の中には、彼のやり方に批判的な者もいた一方、「選1に受かる」と評価したり「睨まれると、校長に推薦状を書いてもらう働きかけをしてもらえない」と恐れている者もいました。インタビューからは、学校がこの講座の運営実態を問題にした様子は見られず「この教員は選1で多く合格させている」と学校に評価されていた様子が看取されます。また彼も、自身の講座の受講生徒の何%が選1に合格したかを成果として公言していたと聞かれます。

その彼がソーラン隊を担当することになりました。「選1を目指す人は来なさい」といったようです。動機は「ソーラン隊の何%を選1に合格させた」という成果と推察されます。集まった生徒の中には、推薦状が動機の者もいたようです。ここでも彼は、素行が悪いと思ったり、宿題の提出状況が悪い生徒など、自身の意向に沿わない者をZTP的に振り落としていきます。報道の「30人」は振り落としの結果ですが、彼らには元気がありません。踊りで声を出す箇所に迫力がないのを懸念した彼は、運動部員を隊に入れようと考え「どうせ県大会に出られるわけないから、ソーラン踊れ」等の暴言を吐いたとされます。運動部員には、自分たちをこの教員が自身の成果に利用しようとすることに怒る者もいました。

学校がこの活動を問題にしてきた様子はないそうです。この教員は隊の生徒に見栄えいいソーランを躍らせ、隊に新入生を入れることで一層の成果としようとしたのかもしれません。進路での「有利さ」を脅迫材料とし、この教員の一存によるZTP的運営を問題とする声は省みられず、校長はこの活動を問題にしてきませんでした。にもかかわらず校長のコメントは、先の報道で初めて「不適切な指導」を知ったかのような内容に読めます。

自己目的化した成果達成の手段のためのＺＴＰ

この教員のしたことは、進路での「有利さ」を材料に課外活動や講座をし、自分の意向に沿わない生徒をＺＴＰ的に排除しながら成果を上げることでした。今回、入試がこの指導を学校に反省的にとらえさせず、学校の中で黙認させるように働いていました。入試で成果を上げること――合格者人数の他、「推薦書を書かない」という日常的な脅迫で維持される学校の秩序などが考えられます――が自己目的化することで、成果の達成のためにはＺＴＰの運用が効果的と考えさせる構造ができあがります。

事実、福山市の各中学校では、1年生時に「校長推薦要項」が配布され、これに抵触する「問題行動」があったとされた場合、選1や私立高校の推薦入試用の推薦書は書かないと伝えられます。この「推薦基準」の言及は生活指導、課外活動、教科教育に及ぶため、学校から「『問題行動』をした」とされないよう日常的に脅迫に服従させられます。もしいったん学校に「問題行動をした」とされると、ＺＴＰ的な処遇が下されます。「問題行動」を改めても推薦書は書かないとされる点もＺＴＰ的です。

この問題ある構造は、次の事件でも確認できます。２０１６年3月、広島県府中町教委は、中学校による誤った万引き記録に基づき進路指導をしたことを理由に２０１５年12月に中3男子生徒が自殺していたと発表しました。この生徒は中1のとき万引きをしたという誤った事実を理由に、私立高校に推薦状を出せないとされ、自殺に追い込まれました。

報道の多くは、進路の資料に誤った記録をしていた不手際を問題にしていました。しかし、この生徒を死に至らしめるほどに過酷な構造、すなわち、生活指導だけではなく進路指導も教科教育も含め学校全体がＺＴＰに依拠し、日常的に生徒を脅迫してくる構造にあったことを踏まえ、この事件を解釈しなくてはなりません。[20] 新聞でこの生徒の両親は、「担任教諭から万引きの事実を尋ねられた際の生徒の心情を『反論することで印象が悪くなり、（志望校への）推薦から遠ざかってしまうとの不安感があったのではないか』[21]」と述べています。また自死の前日、この生徒は両親に「担任教諭から個人面談で（推薦なしで志望校を受けても）まず受からないと言われた」と言っていました。[22]

以上から分かるのは、学校による日常的な脅迫で常に攻撃に晒されていた生徒の人格は、さらに身に覚えのない万引きを理由に推薦状が書かれないという理不尽な状態に置かれたこと。加えてこの生徒は、「身に覚えがない」と反論もできず、受験機会さえ与えられないことで進路の不安を抱かされたことで、人格が学校により深甚な危機におとしいれられたということです。

これら事件から分かるのは、ＺＴＰを廃さない限り、学校が自己目的化した成果の達成の手段にＺＴＰが効果的であると考えるゆがんだ構造は、どの学校でも現れるということと思われます。

おわりに

「問題行動や非行」とされた行為内容の背景を聞かず、行為のみを寛容・裁量ゼロで処遇する運用は、「毅然とした対応」と言い換えられることにより、さらに顧みられることがなくなり、子どもの権利を侵害する脅迫的な力は発動されるがままとなります。進路指導や教科教育に至るまで発動する権利侵害を伴う力、すなわち「支配的権能」が発動する学校で子どもが学習するのは、自身をこういった力から守るためにいかに力と同調するかという脅迫意識や、「なに言っても仕方ない」という不信感・絶望感です。[23]

これは国連子どもの権利委員会の「一般意見13号」にある、ＺＴＰによりもたらされる「暴力に対してさらなる暴力で応ずることにより、子どもに被害を与える懲罰的アプローチであるため、きわめて破壊的な影響」の典型と考えられます。この意見は、暴力は子どもの権利条約27条1項で保障される子どもの発達を脅かすとし、暴力のひとつとＺＴＰを捉えています。上述の脅迫意識や不信感・絶望感等は「一般意見13号」に記載されている暴力による発達への脅威の中で「心理的および情緒的影響（拒否されたおよび見捨てられたという感覚、愛着不全、トラウマ、恐怖、不安、不安定感および自尊感情の崩壊など）[24]」と、重なると考えられます。

またＺＴＰや「規程」が、行為だけを問題にし「規程」どおりに処遇を省察なしに下す様子は、子どもの成長発達段階には人格と行為の区別が難しい時期があるという特質を踏まえているとはいえません。これは子どもの人格に深い傷を及ぼす点で、実体的デュー・プロセスへの深刻な脅威です。[25]

したがって冒頭の、「規程」が子どもの権利保障上の問題はないとする福山市議会での教育長の答弁に、説得力はありません。管見の限り「規程」は、作成の過程で子どもや保護者の意見の聴取はなく、教員間での議論の様子も乏しい[26]とされます。一方的で脅迫的な力による服従を学習させるのではない学校教育のためには、発達保障に則した働きかけが求められ、「規程」及びＺＴＰは廃されなければなりません。

注

1　小林克己「『生徒指導規程』は学校と教育をどこに導くのか」『人権と部落問題』４月号（２０１３年）17～18頁。

2　現在、県教委のホームページにある同文書は改訂版である。

3　本稿では「生徒指導」の語は法令上の、「生活指導」を教育法用語として用いる。兼子仁『教育法〔新版〕』有斐閣、１９７８年、４３１頁参照。

4　小林克己「『生徒指導規程』と子どもの権利」『季刊人権問題』35号（２０１３年）51頁。

5　北川保行「『生徒指導規程』の徹底がもたらした現実」『教育』６月号（２０１６年）47頁。

6　小林・前掲論文（注４）52頁には、子どもによる「バカ」という言葉も状況によりさまざま解釈が可能であるものの、「規程」により暴言と一律に処遇されかねない実態を問題にしている。北川・前掲論文（注５）49〜50頁は、子どもへの管理が昂進し生活指導が閑却される様子を描いている。

7　「規程」が脅迫による同調を子どもに学ばせる可能性は、小野方資「ゼロ・トレランスによる生徒指導は教育にどんな影響を及ぼすのか」『子ども白書』（２０１５年）52頁参照。

8　広島県内の高校での「規程」による権利侵害も問題と考える。高校が「然るべき服装ではない」とし、子どもに「帰れ」と言い、帰宅後「然るべき」姿で再登校を命じている事例が別の保護者へのインタビューで言及された。この「再登校指導」も、学習権の不当な制限である。

9　兼子仁「君が代、学校教育、情報人権」『日本教育法学会年報』21号（１９９２年）42頁。

10　市川須美子『学校教育裁判と教育法』三省堂、２００７年、１１９頁。

11　世取山洋介「ゼロ・トレランスに基づく学校懲戒の変容の教育法的検討」『日本教育法学会年報』45号（２０１６年）１１３頁。

12　市川・前掲論文（注10）１２０頁。

13　市川・前掲論文（注10）１１４頁。

14　２０１５年度以降、当該「規程」から「漢字１２００字」の記載は消えており、多くの「規程」に類似の傾向がある。しかし漢字書き取りは、インタビュー対象者の「規程」による処遇が２０１４〜15年と思われることから、「別室指導」で事実上行われていた可能性がうかがわれる。

15　Yosuke YOTORIYAMA & Takuya TAKAHASHI, "Zero Tolerance Policy in School and Deprivation of Liberties: Case of a City in Western Japan" p.4 (2014).

16　船木正文は「ゼロ・トレランスは生徒の問題行動の抑制と規範意識の向上をもたらすか」『高校生活指導』１９２号

（２０１２年）75頁で、ＺＴＰに基づく生活指導による子どもの権利侵害の研究課題に「教師や学校の『毅然とした指導』を行う権限行使が生徒の学習権や人権を恣意的かつ不当に侵害しない慎重な配慮と歯止め」が必要とする。本章は船木の問題提起を承け、「規程」に基づく生活指導による子どもの権利侵害の具体的な指摘と、この防止のための法理論を探求するものである。

17　世取山・前掲論文（注11）１０７頁。

18　「寛容ゼロ」と「裁量ゼロ」は山本宏樹「ゼロ・トレランス教育論の問題圏」『人間と教育』春号、旬報社、２０１５年、28～29頁より着想を得ている。

19　「『私はバカです』生徒20人に叫ばせる　広島の中学教諭」「朝日新聞」２０１６年２月10日朝刊。
　この学校では体育館に集められた３年生に、学年全員の前で志望校を叫ばせる「決意表明」が、進路指導として実践されていた。保護者による批判で中止されるまで、学校はこれをよい実践としていた様子がインタビューから聞かれる。また、この実践開始に関わったひとりが「バカ」と叫ばせていた教員と聞いている。

20　管見の限り、府中町の事件を、ＺＴＰに浸食された学校による進路指導を介した脅迫という観点を踏まえ分析した論考は次のもののみである。神部泰「府中町男子生徒自死事件が問いかけるもの」『教育』２０１６年６月号。

21　「広島・府中町の中３自殺　推薦考え反論できず　両親が手記、息子の心情思いやる」「毎日新聞」２０１６年３月12日大阪朝刊。

22　「広島・中３自殺『受からないといわれた』　生徒、両親に　担任説明と相違」「読売新聞」２０１６年３月13日朝刊。

23　こういった不信感から学校が荒れたとの報告は、小林・前掲論文（注１）22頁参照。

24　http://www.nichibenren.or.jp/library/ja/kokusai/humanrights_library/treaty/data/child_gc_ja_13.pdf p.6 参照（閲覧日２０１６年５月20日）。

25　世取山・前掲論文（注11）１１６頁。

26　小林・前掲論文（注１）18頁。

3章　生徒指導規程は学校と教育をどこへ導くのか

小林克己

はじめに

２０１０年の夏ころから広島県福山市の小・中学校で「生徒指導規程」（以下、「規程」）がつくられはじめ、わずか3年ほどの間に県内ほぼすべての小・中・高校と特別支援学校で導入されるまでになりました。これ以後、学校における生徒指導（私たちは「生活指導」という表現を使いますがここではあえて「生徒指導」と表記）は「規程」に基づくことが原則とされるようになり、学校と教育の姿を大きく変えることになりました。それは、ひと言で言うならば、〝教育のマニュアル化と信頼関係の崩壊〟をもたらすものでした。

本稿では、「規程」をめぐって学校現場で起こっている深刻な事態を報告し、その上で私たちが問題だと思っている点を指摘し、そして本来あるべき学校と教育の姿について考えてみたいと思います。

Ⅰ　「規程」の導入

「規程」とは何か

「規程」は、資料1のような内容で、各校とも平均してＡ４判で3～4ページ程度のものです。

２０１０～11年にかけて、福山市の小・中学校でいきなり「規程」をつくるという話が出てきて、その拙速さには少々驚きました。２０１１年の夏、当時、私が勤務していた学校の生徒指導主事から職員会議へ『規程』をつくらなければならなくなった」という報告がありましたが、具体的にはどういうことなのかよく分かりませんでした。したがって多くの教職員は当初、従来の生徒手帳などに記載されている校則や生徒心得にいくらか加筆・修正したものくらいのイメージをもっていました。ところが、実際に夏休み中に完成した「規程」は驚くべき内容を備えていました。

のちに分かってきたことですが、「規程」に至るまでの大まかな流れとしては、次のような通知・文書などがあり、これらの延長線上に「規程」が出てきたものと考えられます。

＊２００６年６月「児童生徒の規範意識の醸成に向けた生徒指導の充実について」（文科省）
＊２００７年２月「問題行動を起こす児童生徒に対する指導について」（文科省）
＊２００９年10月「生徒指導資料の作成について」（福山市教委）
＊２０１０年３月「生徒指導の手引き・改訂版」（広島県教委）

福山市教委は「規程」とゼロトレランスとの関係について、「処罰の基準の明確化とその公正な運用で学校の規律の維持を図ろうとするゼロトレランスの考え方を参考にする」としており、「規程」がゼロトレランスを具体化するものであることを表明しています。その上で、「社会で許されないことは，学校でも許されない」をスローガンにして、「規範意識の徹底」を強力に進めています（これに対して、「社会で許されることは、学校でも許されますか？」との問いには明確な回答がありません）。

資料１

第６章　特別な指導に関すること

「社会で許されないことは，学校でも許されない」との認識に基づき，生徒が校内及び校外で法に触れる行為，社会のルールやマナーに反する行為本校の規程に触れる行為等の問題行動を起こした場合には，反省（自省）させ，その後の生活をより良いものとするための指導について次のように規程する。

第８条（特別な指導の対象）次の問題行動を起こした生徒で，教育上指導が必要と認められる場合は，特別な指導を行う。また，保護者を学校へ招聘し，趣旨を説明することもある。場合によっては，関係機関と連携することもある。

⑴ 法令・法規に違反する行為 ①暴力行為・恐喝・金品強要・脅迫行為等 ②飲酒・喫煙 ③建造物・器物損壊行為 ④窃盗・万引き ⑤薬物の使用，火気の使用 ⑥その他法令・法規に違反する行為

⑵ 以下の行為 ①いじめの加害者 ②著しい授業妨害 ③授業エスケープ ④著しい頭髪・服装違反 ⑤テスト中の不正行為 ⑥携帯電話・アメ・ガムなど不要な飲食物の持ち込み ⑦教職員の指導に対する指導無視や反抗

⑶ 学校の信用を失墜させる行為等

第８条の２（特別な指導の指導形態）上記の特別な指導は，生徒指導部で問題行動の事実確認を経たのち，学校長の指示により指導を行う。

⑴ 自省

⑵ 校内における別室での個別学習

⑶ 説諭

（福山市立Ａ中学校（一部抜粋））

また、文科省はゼロトレランスについて、「経験豊富な教員の大量退職を迎え世代交代が進む中で、問題行動に毅然として対応し、生活指導等を通じて学校規律を回復させ、子どもの規範意識の育成に資するという生徒指導の側面について、その今後の在り方等を様々な観点から検討していくことは大変意義深いもの」と述べており、本来、「経験豊富な教員」の経験を次世代へ継承・発展させていくことこそが重要であるにもかかわらず、「問題行動に毅然として対応」することで世代交代の断層を埋め合わせようとしています。

「規程」を作成する上での問題点

「規程」の作成には、手続き上のさまざまな問題点が見られます。

第一に、誰が、どういう手順でこれを作成したのかということがまったく分かりません。はじめての「規程」作成当時、生徒指導主事や校長にこの点を質しても、「主事の会議で作成が確認された」とか「校長会で指示された」など、「よくわからない」という回答ばかりでした。原案を誰がつくったのかも不明でした。『規程』とはいったい何なのか？」という問いに対して、誰も説明できないままにスタートしたという点が、その後さまざまな問題を引き起こすことになっていきます。

第二に、作成にあたって、「規程」の適用を受ける子どもたちや父母・保護者の声などはまったく聴聞されず、したがってその声が反映されることもなく、学校からの一方的な通知という形をとって運用がはじまりました。

以前、勤務していた学校の校長に対して、「少なくともこれだけのことを決めるのであれば、ＰＴＡまたはその役員さんには事前に相談する必要があるのではないか」と問うたところ、「〝ＰＴＡと相談する必要はない。学校の主体性において決めればよい〟と行政から言われている」との回答がありました。行政の意図は分かりませんが、「是正」指導（後述）以降、広島県と福山市で進められてきた管理主義的な教育路線がここに極まったと言わざるを得ません。

教育を受ける権利をもった子どもたちに対して、その作成過程には一切参加させず、責任だけを迫るという「規程」のあり方は子どもの権利条約にも違反するものと考えられます。

第三に、実際に「規程」に則って生徒指導を行う立場にある教職員の議論も合意もまったくない中で、これの運用がはじまりました。私は現任校で3年目を迎えていますが、年度初めの教育課程作成のための論議も年度末の年間総括論議も、「規程」に関するものはありません（前任校も同様でした）。ここには「規程」のもつ〝もう一つの重要な役割〟が見え隠れしています。つまり、「生徒指導」と銘打ってはいますが、一方で、「教職員管理規程」という側面を「規程」はもっているということです。

第四に、「規程」は県教委がその様式を例示したために、以下に見るように、どこの学校もほぼ同じ内容や様式になっています。

＊第1章【総則】この規程は，○○中学校で教育を受ける生徒の人格の完成と健やかな成長を願い，義務教育終了までの見通しを持った指導について，共通認識・共通実践を図るためのものである。

＊第1条（目的）この規程は，○○中学校の学校教育目標を達成するためのものであり，自主的・自律的に充実した学校生活を送るという観点から必要な事項を規程するものである。

＊第1章【目的】この規程は，本校の教育目標を達成するためのものである。本校で学校教育を受ける生徒の人格の完成と健やかなる成長を願い，生徒が自主的・自律的に充実した学校生活を送るために必要な事項を定めるものである。

＊第1章【目的】この規程は，本校の教育目標を達成するためのものである。このため，生徒が自主的・自律的に学校内外の生活を送るという観点から必要な事項を定めるものである。

ここにも「規程」がいかに拙速かつトップダウン形式で作成されたかを看取することができます。

第五に、「規程」には改定条項がありません。「必要に応じて改善する」等の記載は見られますが、運用上また理念上、不合理や疑義が生じた場合に具体的にどうすれば改定できるのかが不明であることも大きな問題です。

Ⅱ「特別な指導」による弊害と、教師へのダメージ

「規程」はどんな学校をつくったのか

「規程」の運用からすでに数年が経過し、この間さまざまな現象がおこってきました。

私たちが一番大きな問題だと考えているのは、「特別な指導に関すること」の部分です。「特別な指導」には問題行動の内容によって段階があり、例えば服装違反を繰り返した場合には「本人への説諭、反省文及び保護者に連絡」、著しい授業妨害の場合には「すぐに保護者の来校を求め、一緒に指導……状況によっては関係機関と連携」となり、最近では警察との連携が強化されています。

中でも「別室指導」は、より深刻なケース（暴力、飲酒、喫煙など）の場合に適用され、「自らの行為を振り返り、過ちを認め、……自戒、反省し、今後の展望や目標をもたせる場」として広く定着し、子どもたちにとって〝脅威〟となっています。

こうした「規程」はいったいどんな学校をつくったのでしょうか。

A小学校では、ある年から「ソックスは白色のみ」に決まりました。保護者がその理由説明を求めたところ、学校からは「小中一貫教育だから中学校の『規程』を踏襲することにした」とか「問題行動は小学生のうちにその芽を摘んでおかなくてはならない」という回答がありました。中には、「今年から『規程』に書かれたから」と回答した学校もありました。

B中学校では、それまでは落ち着いていた学校のようすが、「規程」導入後、一変しました。県北の山あいにある比較的小規模校な学校で生徒と職員の関係も良好だった学校が、「規程」導入後わずかな期間に見る見る荒れていきました。職員が玄関付近を歩いていたら上の階から洗剤がふりまかれ目を負傷したために、警察が出動するような事態になりました。その後も牛乳パックが散乱するなどしばらく混乱がつづきました。

C中学校では、授業に飽きた子が突然「先生のハゲ！」と叫んで、「先生、これは暴言よな？　おれ、別室指導よな？」と言って、自ら別室へ行こうとするなど、「規程」を悪用するケースが増えました。

D小学校では、「規程」導入時に保護者への説明会を実施したところ、「そもそもうちの学校に別室とか警察対応をしなくてはならないような実態があるのですか？」といった不信に満ちた疑問が多く出されました。

E小学校では、忘れ物の回数で校長室へ行って謝罪するという決まりをつくったために、「今日はあの子が呼び出された」「○○ちゃんは3回呼ばれた」と、子どもたちがそのことばかりを話題にするようになりました。

F小学校では、ある雪の舞う朝、7時40分に登校してきた1年生の女子が靴箱の前で寒さに震えていました。そこを通りかかった生徒指導主事は、「8時までは校舎に入れませんよ！　『規程』に書いてあるでしょ？」と言って通り過ぎてしまいました。

こうした事例は枚挙にいとまがなく、その他にも次のようなことが報告されていて、明らかに「規程」にもとづく指導によって引きおこされている事態だと思われます。

＊別室で指導する先生が足りないので指導を地域の民生委員が行い、漢字練習をくり返すうちに「薔薇」や「麒麟」などの難しい漢字が書けるようになってよかった。
＊靴が全面白色でないので親が学校へ呼び出されて買い替えを求められた。修学旅行で「靴は白」に違反したので、現地で小遣いで購入させられた。
＊子どもの問題行動に対して、親（保護者）にも学校から反省文の提出を求められた。

また、服装や頭髪の違反で再登校指導（一旦帰宅して服装などを正してから登校）を求められるケースも増えていて、「小・中学校では（頭髪や服装違反で）帰宅させることはできません」（生徒指導のてびき）としてきた従来の県教委方針とも矛盾する実態があります。再登校指導は広く行われていて、一旦帰宅させられた子が再登校してくるケースは極めてまれで、学校からの「排除」ではないかとの批判もあります。こうした子どもたちが、その後どんな生活をしているのかをつぶさに追跡調査した市議会議員の報告からは、「学校から排除された子はやがて社会からも排除されていく」という深刻な実態が浮かび上がってきます。

さらに近年、生徒が学校で起こした問題行動（学校が犯罪と判断した場合）で逮捕される事例が相次いでいます。犯罪か否かの判断はどのように行われたのか、学校（教育）と警察（権力）との関係をどう考えるのか、該当生徒やその家族、さらに学校全体に与える影響の大きさをどう考えるのかなど、新たな問題になっています。まさに「排除」の典型例と言えると思います。

「規程」は何が問題なのか──〝クローン教師〟をつくる手段

文科省文書（通知）など行政側から出される報告や方針はどれも貧困と教育の問題や、管理と競争に翻弄される子どもたちの生きづらさなどについて深く分析することはおろか、まったく触れようともせず、その姿勢は教育行政として実に無責任と言わざるを得ません。「規程」もまた、こうした教育政策の延長線上に位置づけられており、少なくとも次のような疑問や問題点が指摘されます。

第一に、「規程」に示される問題行動をどのように認定するのかは、きわめてあいまいで客観性に乏しく、教師の主観的な判断に陥りやすいという問題です。同じ「バカ」という発言でも先生によって受け取り方はまったく違うし、その状況によっても解釈が異なってくるのは当然のことですが、いかなる場合にも「規程」は一律の指導を求めていて、例外を認めることはありません。「例外なき指導」「毅然とした指導」が貫徹されていきます。

第二に、学校によっては問題行動が多過ぎて別室や担当する先生が足りなくなるという問題があります。金曜日に問題行動を起こしても、空き部屋の状況を見て、「君は来週の水曜日から別室ね。今日はもういっぱいだから……」といったこともおこります。水曜日になると、子どもは「俺、何しましたっけ？」と言って、別室に入る理由がわからなくなるといったことも珍しくありません。繰り返し問題をおこす子についても同様の事態がおこります。果たしてこうした方法で反省や自覚が促されるのか、大いに疑問です。

第三に、何よりも深刻なのは、「規程」に基づく指導がさまざまな関係性を断ち切ってしまうという問題です。

言うまでもなく教育は、人と人との深い関係性において成立し営まれる行為です。人格と人格が結び合う極めて人間的な営みです。しかし「規程」は、子どもたちの現象面だけを見て一律の指導を求めています。「その言動の裏側にいったい何があるのか？」といった民主的な生活指導の研究・実践の到達点を一顧だにしません。そのことが子どもと教師、親と教師、教師同士のさまざまな関係を複雑化させ、結果として教育のいのちである〝寛容・信頼〟を破壊していきます。

子どもたちは教師の前で〝形だけの反省〟の態度をとり、一層、指導に対する不信感を募らせるケースも多く見られます。

また、「特別な指導」や再登校指導について、父母・保護者からは不満や怒りの声も多く、協力・共同の取り組みを困難にしています。そこには「父母その他の保護者は、子の教育について第一義的責任を有する」（第10条）とした改悪教育基本法の理念が色濃く反映されています。

第四に、特に強調しておかなければならないのは、「規程」が実は教師たちを孤立・分断させ管理するための手段になっていることです。

「この行動について子どもとじっくり話し合いたい」と言うと、「例外は困ります」「じゃあ先生は、一人でこの子を指導できるのですか！」となってしまいます。廊下ですれ違う際に携帯電話を隠した子どもに対して、前後の諸事情からこれを黙認したある教師は、その直後に他の同僚から「先生は、先ほどケータイの指導をスルー（見逃すこと）しましたね！」と厳しく叱責されたと言います。

このように、子どもに寄り添い、そのつまずきを受け止め、理解と援助を進めようとする教師の前に、「規程」は大きく立ちはだかっています。どこの職場においても、「規程」を〝踏絵〟のようにして、もの言わぬ・言わせぬ教師づくりが進行し、「例外なき指導」「毅然とした指導」「ゼロトレランス」のことばの前に異論をはさみこむことができないような息苦しさが広がってきました。

こうした状況を、「『規程』は教師から個性を奪い取り、〝クローン教師〟をつくろうとしている」と揶揄する仲間もいます。

第五に、「規程」からは、どんな子どもを育て、どんな未来社会をめざそうとしているのか、といった教育観・社会観が見えてきません。全体の基調が子ども不信を前提とし、「自律」と「自己責任」論に貫かれていると言っても過言ではありません。そして、ものを言わず自己主張しない、物事を深く考えない、協力・共同しようとしない、従順な人間（労働者）をつくるねらいが見えてきます。

したがって、結果的に「規程」は子どもたちのプライドを深く傷つけることになります。近年、「物事を考えず、言われるままに行動する子が増えた」「一方で閉塞感とイライラ感が高まっている」「笑顔の裏側で何を考えているのかわからない」「学校には来ていても、ただ体がそこにあるだけ」といった深刻な問題が多く指摘されるようになりました。また、小・中学校ともに、卒業式前の卒業生のいらだちや荒れを指摘する声が多くなっていることも気になるところです。

小学校の場合は、「うるさい！」と言って怒鳴れば先生の方が〝勝つ〟ケースが多くありますが、中学校になると〝勝てない〟ケースの方が多くなります。「勉強するとはどういうことなのか」「これから高校へ向かっていくけども、俺の人生どうなっていくのかな」といった、青年期特有の悩みに対して最も必要なのは、教師の全人格を賭けた対話と共感です。しかし、「規程」どおりの対応をされたら、やはりプライドは非常に強く傷つけられると思います。近年、広島県内で複数の中学生の自死問題がおこりましたが、彼らのプライドを非常に強く傷つけるようなことがおこっているのではないかという気がします。

卒業時に「俺の中学校時代の思い出は別室しかない」と語った子がいました。少年期・青年期の自ら伸びようとする芽を摘みとられ、プライドや自己肯定感を傷つけられる子どもたちの深い苦しみが広く明らかになっています。

第六に、「なぜ今、『規程』なのか？　なぜ広島県なのか？」という疑問があります。

その底流には、90年代以降に展開されてきた新自由主義「教育改革」がありますが、極端な管理と競争の結果もたらされた荒れの深刻化に悩まされる福山市が、県内でもその先陣を切って「規程」に飛びついたというのは十分納得できるところです。

いま一つは、「是正」指導（1998年）以降、文科省の「直轄地」のようになった福山市と広島県が「モデル地域」になったということです。行政側は一気に新自由主義への転換を図るために「是正」指導を呼び込み、権力による教育介入への道を開きました。学校の教育課程編成権を奪い、教職員への多忙攻撃をかけ、その心身の健康を限界まで追いつめ、教育現場が疲弊しきったところへ、「生徒と先生を守るため」（福山市教委）に「規程」を持ち出してきた――というのがこの十数年間の経緯です。

こうした歴史的な特殊性（解放教育の「負の遺産」）は、今もさまざまなところに見えかくれしています。

第七に、子どもの「最善の利益」を追求し、そのために子どもの意見表明権を保障した子どもの権利条約などに照らし合わせて「規程」は果たしてどうなのか、という法的な問題があります。「特別な指導」や別室指導の際に子どもらに弁明の機会は与えられなくていいのか、別室指導のために出席できなかった授業の保障はどうなるのか、反省（自省）として漢字の書き取りや数学の計算を行わせるのはどうなのか、別室の環境はどうなのか、再登校指導は法的に許されるのか、「規程」を作成する権限は誰にあるのか――など、憲法・法律や子どもの権利条約の規定・理念から見て解明しなくてはならない問題がたくさんあります。

「規程」を受け入れる土壌

しかし一方で、教育関係者の中には「規程」を歓迎する声があるのも事実です。それも決して小さなものではありません。荒れの広がりや低年齢化に悩む地域では、父母・保護者の間から「落ち着いた学校生活を保障してほしい」「高校へ行けるだけの学力をつけてもらいたい」「問題をおこす一人のために99人の子が犠牲になってもいいのか」といった要求があり、そのために「特別な指導」によって一部の子どもを排除することに理解を示す向きもあります。

また学校側にも、比較的荒れの激しい学校では「やむを得ない」とする空気があります。多忙の中で、生徒指導にマニュアル化された指針があれば確かに指導方法などを考える必要もなくなり、心身への負担は軽減されるのかもしれません。

さらに、ここ数年の間に急増した青年教師たちの間に、「『規程』があることで生徒指導がしやすい」「指導の公平性が保たれる」と、これを支持する声が広くあることも無視できません。青年教師に集中的にくり返される多忙攻撃によって、教育の自由と創造性を奪われ、心身ともに疲れきったその間隙に「規程」が入り込んでしまった、というのが現実です。

Ⅲ　今後どうするべきか

私たちのめざす教育と学校づくり

２００６年に教育基本法が改悪されて以降、教育の右傾化が急速に進行しています。しかし、教育は子どもの成長・発達を助けるかけがえのない営みです。教育は子どものためにこそ行われるものであり、そこでは子どもが一番大事にされなくてはならないことは言うまでもありません。

今、「スタンダード」や「統一基準」の名で「規程」に似た手法が全国へ広がっています。子どもの声や願いを真摯に聞き取り、「孤立と分断・排除」の教育政策に抗して、「参加と共同」「寛容と連帯」「しなやかさとやわらかさ」を追求する実践が求められているように思います。

＊ある中学校では、「規程」による指導が極めて形式的で没個性的であり、「子どもたちの成長にとってどうなのか?」との総括のもとに、学校として「規程」と距離を置いた指導に切りかえたところ、子どもたちの言動が柔らかくなり学校全体が落ち着きを取りもどしました。

＊別の中学校では、「規程」から生まれてくるこまごまとした授業規律にウンザリした先生が、それらを一切無視して自分のやりたい方法で授業を展開したところ、授業後に子どもたちが教卓をとり囲んで、「先生、今日の授業はとっても楽しかったし、よくわかったよ！」「こんな授業がいい」と、口々に満足感を述べました。

＊ある小学校では、「規程」に「保護者と話し合い、協力しながら指導を進めます」と記述したところ、保護者から大いに理解が得られました。

＊ある中学校の学年主任は、「〝ゲリラ的に子どもを守る〟ことも大事だが、〝なし崩し的なサボタージュ〟がとても大切になってきている」として、ゆるやかに職場での合意を広げ、教育のマニュアル化に抗う共同をすすめることの大切さを強調します。

＊ある中学校の学年主任は、問題行動の対応時に「子どもの実態が違うわけだから、『規程』に子どもを当てはめるのではなく、子どものようすから『規程』を柔軟に運用しよう」との方針を貫いています。

＊全教広島との懇談で、ある自治体の教育委員会は、「『規程』は学校と子どもの実態に応じてあくまでも教育的に運用してほしい」と、現状を憂慮する姿勢を示しています。

おわりに

「規程」については現在、議会における追及も続けられており、教育行政の暴走を許さないたたかいが進められています。

さらに、父母・市民らが集まって学習会を組織し、「教育って何だろう?」と率直に語り合う取り組みも継続されています。長年の実績をもつ学習会もありますが、福山市のように、やがてそこに研究者、議員、現場の教師らも加わって「子どもと教育を守る福山市民の会」を結成し、「子どもたちに安心の学校生活を！」という父母・市民の切実な願いに向かって学習と運動を進めているケースもあります。

あらためて「人間は歩くことを覚えると、また、転ぶことを覚え、ただ転ぶことによってのみ、歩くことを覚える」（マルクス）という指摘は重要だと思います。ゼロトレランスではなく「フル・トレランス」（無条件の寛容）を前面に掲げて、子どもたちが安心して転んだり試行錯誤をくり返し、集団の中で集団とともに成長していくことができる——そのような、あたたかく豊かな子ども期を日本の子どもたちに保障したいものです。

本稿の作成にあたっては引用部分に「」を付しましたが、その出所を逐一明らかにしませんでした。ご了承ください。

Ⅲ部　ゼロトレランス理論の誕生と教育現場への導入

——対抗の可能性はどこにあるか

4章　アメリカのゼロトレランスと学習スタンダード
――教育の市場化と特権化

鈴木大裕

はじめに

２０１４年冬、人種問題に揺れるアメリカで、私は新自由主義と教育における人種差別の関係について考えていた。ニューヨークとミズーリで相次いで起こった白人警官による丸腰の黒人殺害[1]、そして加害者である白人警官の不起訴処分という大陪審の結論は、人種差別撤廃を訴えるデモとなって瞬く間に全米へと拡がっていった。もちろん米国における人種差別は今日に始まったことではなく、２０１２年だけで、少なくとも３１３人のアフリカ系アメリカ人が、警官、警備員、自警団などに殺されており、実に28時間に一人の割合で殺されていることになる。[2] よって、民衆の、特に黒人に代表される有色人種の怒りは、差別撤廃の象徴であったはずの公民権法の成立から半世紀経った今なお、黒人が公然と国家権力に殺され続けているアメリカ社会の構造的な人種差別に向けられたものだと考えるべきだろう。

ただ、脈々と流れてきたアメリカの人種差別の歴史は、いつしか新自由主義と合流し、さらに激しい流れとなり、有色人種だけでなく、低所得者、ホームレスの人々、高齢者、障がい者など、社会的弱者の切り捨てを加速させた。大人だけではない。1980年代の「薬物との戦争」に始まった「ゼロトレランス」政策は、公教育にも進出し、凄まじい勢いで黒人やヒスパニック系の子どもたちに犯罪者のレッテルを貼り、障がいを持つ子や学力の低い子を積極的に排除し、これらの子どもたちの教育を受ける権利と選挙権を剥奪することで社会から抹殺してきた。

社会の大きな流れが教育にどう影響しているか、それを検証せずに、教育情勢を理解することはできない。ここで取り上げるゼロトレランスも同じで、「ゼロトレランス政策に教育的な効果はあるか否か」という教育学の中だけの狭い議論に執着することは、より根源的な問題や問いを隠してしまう危険がある。公共事業の規制緩和と民営化、年金や健康保険等の社会福祉事業の縮小、労働組合潰しなどの動きと並行して行われる、社会的弱者の積極的な排除と使い捨てを、民主主義の理想の中でどう理解すればよいのか。経済や教育において勝ち組と負け組みの二極化が進み、社会的弱者が切り捨てられて行く中、ゼロトレランス政策は、基本的人権や公教育の理念にどう影響するのだろうか——。

I　プロパガンダとしてのゼロトレランス

ゼロトレランスの由来

「ゼロトレランス」とは、巧妙に中性化されたプロパガンダと考えるのが正しいのではないだろうか。「トレランス」は許容や寛容を意味する。よって、そこには「絶対に（問題とされる行為を）許さない」という行動のメッセージだけがあり、主体や理由等の大事な問いを考える余地は残されていない。そもそもなぜ、そのような問題が生じているのだろうか。そしてメッセージに暗示されている「私たち」とは誰のことで、その線引きからは、誰が排除されているのだろうか。

ゼロトレランス政策の由来は、レーガン政権による「薬物との戦争」に遡る。ゼロトレランス方式を適用した「薬物との戦争」の特徴は、「割れ窓」理論の利用によって、社会科学の名の下に「犯罪」の定義を拡大したこと、薬物犯罪以外の取り締まりにも対象を拡大することで、新自由主義の流れと合流し、社会的弱者を守るのではなく犯罪者化することによって、社会福祉事業の削減を正当化したこと、その結果、黒人やヒスパニック系の人々に対する、より大規模で徹底した弾圧を可能にしたことだろう。

「割れ窓」理論

ウィルソンとケリングによる「割れ窓」理論（1982 年）

「割れ窓」理論とは、政治学者のジェイムズ・ウィルソン（J. Q. Wilson）と犯罪学者のジョージ・ケリング（G. L. Kelling）が１９８２年に提唱した犯罪学の理論[3]であり、簡潔に言えば、割れた窓のようにどんな些細なものでも、秩序の乱れを放置しておくと、さらなる無秩序と、より深刻な犯罪にエスカレートするという理論だ。[4]

この理論には一理ある、と私は思う。日本で中学校の教員をしていた時、「制服の乱れは心の乱れ」として生徒指導に取り組んだことは今でも良く覚えている。些細な乱れを許すことが、次第に大きな乱れを呼ぶ原因となることも経験した。ただ、真の目的は、制服や言動に表れる些細な乱れから生徒の心の乱れに気づき、その生徒に必要な心のサポートを与えることだ。決して生徒の服装の乱れを正すことではない。些細な規律の取り締まりだけを強化し、生徒の内面的なニーズを無視し続けたら、彼らに不信感を植え付けるだけで問題の解決にはならない。

ゼロトレランスの拡大

レーガン政権が「薬物との戦争」を始めて間もなく、ゼロトレランス方式の適用は家庭内暴力、環境汚染、無銭乗車、公衆衛生、そして教育などの分野での取り締まりにも積極的に適用され、さらなる秩序の乱れを防ぐという名目で「犯罪」の定義を拡大していった。[5]

これらの問題の多くは貧困を原因とするため、近年は「貧困の犯罪化」と批判されることも多い。特に路上生活者の都市部からの締め出しは全国的に顕著で、ベンチで寝ることや物乞いすることに始まり、公共の場で食べることや座り込むことも法律で禁止され（２０１４年時点で全米１００都市）[6]、実質上、路上生活をすることは犯罪化された。逮捕されれば、犯歴が残り、投票する権利が奪われる。認定証なく他人に食べ物を恵むことが法律で禁じられている複数の地域では[7]、路上生活者には社会参加の権利だけでなく、生きる権利すら認められていないと言っても過言ではない。ゼロトレランスによる犯罪定義の拡大は、基本的人権の縮小と表裏一体の現象と言えるだろう。

路上生活者弾圧の例を見れば明らかだが、ゼロトレランスの目的は、あくまでも薬物問題や貧困等の抜本的改善ではなく、それらの社会問題に蝕まれる人々の切り捨てである。公的資金は、社会福祉や雇用を増やすことより、警察官の増強や刑務所の増加に当てられた。全国的に警察官は激増し、全国の刑務所の予算は１９８０年から２０００年までの間、70億ドルから４００億ドルへと飛躍的に増えた。[8]

北米を中心に教育学者かつ文化批評家として活躍するヘンリー・ジルー（Henry Giroux）はこう説明する。「1970年代に生じた社会・経済危機により、［ジョンソン大統領の］『貧困との戦い』が勢いを失った頃、政府のあらゆるレベルにおいて、社会問題対策の重点を社会的投資から公共管理、社会的封じ込め、そして犯罪化へと移そうとするシフトがあった」[9]。社会的弱者を犯罪者化すると同時に社会福祉事業の削減を促進するというこの流れに見られるのは、福祉国家から新自由主義国家への移行に他ならない。

もちろん、階級格差は人種格差と比例しており、結果的に自由市場を推進する国家権力が、人種問題に触れずに有色人種を弾圧するという好都合な形となった。ゼロトレランス政策拡大の結果、アメリカの囚人は1980年から30年間で約50万人から230万人に膨れ上がり、そのうちの100万人近くがアフリカ系アメリカ人だという。世界人口の5％しか占めないアメリカは、世界の囚人人口の4分の1を占めるに至った。ちなみに、薬物犯罪に関してはアフリカ系アメリカ人の5倍の白人が薬物を使用しているにもかかわらず、彼らは白人の約10倍の割合で刑務所に送られており、ゼロトレランスに隠されたダブル・スタンダードがうかがえる。[10]

Ⅱ　教育現場への導入

教育におけるゼロトレランス

アメリカが次々と宣戦してきた貧困、薬物、犯罪との戦争は、やがて黒人やヒスパニック系の若者に対する「戦争」へと拡大していき、非常事態宣言を出された都市部貧困地域の学校では、日常の他愛ない行為が犯罪化され、極端に厳しい処分が日常となった。[11]

シカゴやニューヨークを筆頭に、多くの都市で公立学校における生徒指導が警察に委託され、教育財政がカットされる反面、学校警備に莫大な予算が配分された。2011年、シカゴ学校区の進学・就職カウンセラー予算の350万ドルに比べ、警備員は実に5140万ドルだった。[12] そして、幼稚園児までもが学校の中で手錠をかけられるようになった。本来は犯罪管理の手法であったゼロトレランスは、秩序の乱れを早い段階で食い止めるというロジックのもとで教育に侵入し、権力体制による子どもたちへの暴力行使を正当化した。

教育におけるゼロトレランス政策は、1994年、メディアが描く黒人などの青少年の暴力的なイメージに便乗して、[13] クリントン大統領が学校への銃器持ち込みの取り締まりに適用して以来、瞬く間に対象範囲・年齢を拡大していった。米国教育省の見積もりによれば、毎年、幼稚園から高校3年生までの300万人以上の生徒が停学処分を受けている。そのうち明らかな違法行為はごく一部で、ほとんどは教員への暴言、喧嘩、遅刻、制服の乱れ等の逸脱行為であった。1994年にゼロトレランスを一斉に取り入れたシカゴでは、以後4年間で退学処分は実に30倍以上に飛躍した。[14]

腕に手錠をかけられる８歳児（ケンタッキー州）
出典：https://www.democracynow.org/2015/10/28/criminalizing_the_classroom_inside_the_school

暴走し得るゼロトレランスのロジックの危険性を象徴する例は、幾らでもある。ミシシッピ州で5人の黒人少年がスクールバスの白人運転手にピーナッツを投げつけたとして逮捕され、重罪たる暴行の罪に問われた件、ニューヨークの学校で制服違反をした生徒らが手錠をかけられた件、[15] 級友から5ドル盗んだと疑われた7歳の少年が、手錠をかけられた上に尋問された件（のちに他の生徒が盗みを自白）。[16] ニュー

1980年以降、カリフォルニア州が建てた大学は一つ、刑務所は22
出典：カリフォルニア州Manifest Justice Exhibitの展示作品。http://afropunk.com/2015/05/feature-manifestjustice-art-exhibit-in-los-angeles/

ヨークで特別支援を要する幼稚園児が暴れたとして、後ろ手に手錠をかけられているビデオ[17]が世間を騒がせたのはまだ記憶に新しいし、手首が細すぎるために腕の上部で手錠をかけられるケンタッキー州の8歳児の写真[18]を見て、「何もそこまでして」と思った人は少なくないだろう。もちろん、これらは極端な例ではあるものの、問題は「割れ窓理論」が犯罪の定義を著しく拡大したように、「ゼロトレランス」の名の下に罰される「逸脱行為」の定義の曖昧さが孕む人権侵害の危険性だ。

また、ここにも、ゼロトレランスの構造的人種差別の役割は確実に表れている。アメリカ教育省によれば、黒人が停・退学処分を受ける割合は白人の3倍[19]で、カリフォルニア州立大学ロサンジェルス校の公民権プロジェクトによれば、黒人の中高生の4人に1人が停学になっているという。[20]また、生徒指導を警察の管轄とする地域では、些細な校則違反にせよ、生徒が停学処分を受けた場合は地元の青少年犯罪課に報告することが義務づけられている場合が多く、それらの地域では停学と同時に犯歴が残り、人生の早い段階で選挙権を永久に剥奪される可能性が高い。このように、社会的少数民族が多く住む貧困地区では、家庭でさまざまな困難を抱える生徒のニーズに応えるのではなく、些細な校則違反や逸脱行為を理由に犯罪者化し、学校システムから積極的に排除することが優先されている。

新自由主義教育改革との合流

２００２年、既に古くなりつつあったゼロトレランスに一つの転機が訪れた。米国連邦政府による「落ちこぼれ防止法」（No Child Left Behind Act）の施行だ。同法は、バウチャーやチャータースクール（公設民営学校）制度の導入で既に市場化した教育システムにおいて、標準テストによる教育の徹底管理体制を全米で展開し、学力基準に到達しない学校への制裁を義務づけた。Advancement Project らによる共同報告書（２０１１年）は、同法が施行された２００２年以降に劇的に上昇した全国停・退学率とゼロトレランスとの関係をこう説明する。「生徒の点数を上げろという指令の下、学区、学校、管理職や教員らは結果を出すための重圧を受けている。このプレッシャーは、実際には、点数の低い生徒の転出や排除を奨励・促進するという歪んだ動機を学校に与えている。[21]」

メリーランド州は予算不足を理由にボルティモア学校区への約 11 億円の追加予算を却下する代わりに、30 億円を超える少年院の建築を決めた
出典：US Uncut https://goo.gl/images/9nBpvX

このような学校による生徒の排除が最も顕著に見られるのは、学校間の競争に拍車をかけ、公教育市場化の原動力となったチャータースクールだ。高校・大学への進学率１００％を売りにする人気チャータースクールは多いが、それらの高進学率は、実際にはゼロトレランスの徹底による極端に高い生徒の転出率に支えられている場合が多い。校則違反の生徒、低学力の生徒、学習障がい

を抱える生徒は、次々に排除または自主退学を促され、一握りの精鋭だけが最後に残る。[22]

２０１５年には、ニューヨーク市ブルックリンで、「アチーブメント・ファースト（Achievement First）」という有名なチャータースクールのフランチャイズが法律で定められた特殊教育を提供しなかったとして、障がいを抱える５人の子どもたちの保護者らが訴訟を起こしている。原告の一人である子どもの母親は次のように言っている。「彼らは全ての子どもたちを同じように扱うのです。たとえ障がいを持っていたとしても、なんの配慮もありません。[23]」

Ⅲ　排除される子どもたち

ゼロトレランスと学習スタンダードの関係

日本でも拡大するゼロトレランスと学習スタンダード。公教育の市場化が未だ完成していない日本のコンテキストにおいては、これらの流れの関係性は見えにくいように思う。しかし、それを見事に包摂する学校のモデルがアメリカにある。先述の「アチーブメント・ファースト（Achievement First）」を始め、「ナレッジ・イズ・パワー・プログラム（Knowledge Is Power Program）」や「サクセス・アカデミー（Success Academy）」、「アンコモン・スクールズ（Uncommon Schools）」などの大手チャータースクールチェーンだ。これらのチェーンは、テスト至上主義、効率化の徹底追求、学習スタンダード、ゼロトレランスを組み合わせたスパルタ教育で、主にアフリカ系やラテン系アメリカ人の貧しい家庭の子を大量に大学に送ることで成功をおさめてきた。いわば市場化する公教育で勝ち抜くために効率化の徹底を図り「進化」して来た学校だ。これらの学校は、〝No excuses!〟「言い訳をするな！」を合言葉に生徒を叱咤激励することで知られるため、しばしばNo Excuses schools（ノー・エクスキューズ・スクールズ）とも呼ばれる。

結果が全てとするこれらの学校では、小学校といえども1秒たりとも無駄にしない張り詰めた雰囲気の中で授業が進められる。授業時間も授業日数も普通の学校より多い。カリキュラムはあらゆる「無駄」を省き、学力標準テストの対策を中心に据え、常に生徒をテストし、それを教員の評価と指導に反映する。教員は、大学を出たての献身的でエネルギッシュな若者が圧倒的に多く、厳格な学習規律を設けることで静かで落ち着いた学習環境を作れるようにしている。話を聞く時の手の位置、立ち方、頷き方の他に手を挙げる角度まで決められている。もちろん、型にはまらない子や落ち着きのない子も中にはいるが、それらの子は次第に振り落とされていき、卒業時には学校が定めたスタンダードに則した子だけが残る。「ゼロトレランス」を用いた生徒指導方式で教員の権限を強め、若くて経験の浅い教員でもしっかりと子どもたちを管理できる仕組みになっているのだ。

学力標準テストが教育を支配する文化は、子どもたちさえをも標準化しようとしている。各学校が少しでも安く、より高い効果を目指して競争する中、障がいを抱える子どもたちは、学校が定める規格に合わなければ「品質保証」の名の下に容赦なく排除されていくのだ。このように、新自由主義との合流により、市場原理の名の下に社会的弱者を排除するテクノロジーとなったゼロトレランスは、教育を受ける権利さえも弱者から奪い、強者の特権と変えてしまった。

特権化する教育

イタリアの哲学者、ジョルジョ・アガンベン（Giorgio Agamben）は、第二次世界大戦下のユダヤ人強制収容所の分析を通して、強制収容所の存在こそがナチスの社会統治の中心的な役割を果たしていたと指摘する。ナチスは、通常の法律が適用されない「例外の空間」を社会の中に特別につくり、その中では地位も仕事も財産も基本的人権さえも剥奪されたユダヤ人が、「剥き出しの生」としてただ生き延びることを余儀なくすることで、社会参加権の保障された普通の暮らしを一部の人間の特権へと変えることに成功した。同時に、ナチスはユダヤ人とその協力者への容赦ない暴力行為によって、あらゆる人間が「剥き出しの生」となり得る不安定な状況をつくり、社会全体の統治力を強めていった。

アメリカの教育哲学者、タイソン・ルイス（Tyson Lewis）は、アガンベンの描くこの強制収容所のイメージに、現代アメリカの都市部貧困地区における学校を重ね合わせている。これらの学校では、非常事態宣言が出され、ゼロトレランスの名の下に子どもたちは次々と犯罪者にされ、社会から抹殺されてきたため、学校は子どもたちにとって、ただ生き延びるためだけの空間になった。しかし、社会的弱者の学校からの排除は、同時に、誰にでも保障されるという教育を受ける権利の基本的人権としての安定性を崩し、公教育の公共性を崩壊させた。そして、新自由主義との合流で、教育を受ける特権は、エスニック・マイノリティ、障がい児、低学力の子などから、次々と奪われていったのだ。

全米で展開されたゼロトレランス政策は、特定の地域と人口を対象にし、社会の中に法律の届かない「例外の空間」をつくった。そこでは、犯罪の定義が拡大されると同時に、人々は基本的人権を奪われた。当然、ゼロトレランスは、原則的に発言力もなく最も脆い社会的弱者の弾圧から始められる。ただ、もっと重要なのは、例外の空間が社会全体にもたらす影響だ。社会的弱者の基本的人権剥奪の真の意味は、それまで人として当然のものとして保障されていた権利を不安定にし、それを一部の人間の特権に変えてしまう。[24] 新自由主義との合流で、ゼロトレランスと並行して行われているグローバルエリート教育の推進は、社会的弱者の切り捨てで生じる公共資源を集中的に配分することで可能になるわけで、批判的地理学（critical geopgraphy）

の第一人者であるデヴィッド・ハーヴェイ（David Harvey）の言う、「略奪による蓄積」[25]の表れだと言える。

日本でも、ゼロトレランスという概念は確実に広まっている。千葉に住む私の姪の中学校でも、盗難防止のために警察が常駐していたという話を聞くと、教育とは何なのかと考えさせられる。少なくとも、私が中学校で教えていた頃は、「教え子を警察なんかに渡してたまるか」という気概が先生たちの間にあったように思う。

そんな中、アメリカの事例は幾つもの警告を私たちに突きつけている。問題の根源はどこにあり、罰する前に、原因改善のための社会投資は十分か。全国学力テストの悉皆式調査の復活と学校別成績開示の規制緩和によって学校間競争が熾烈化する中、低学力の生徒を排除するような悪しき傾向はないか。公設民営校が成績向上のためにゼロトレランスを乱用する可能性はないか。ゼロトレランスの名目で「問題行動」の定義が拡大されていないか。それが社会的弱者排除の役割を担っていないか。基本的人権であったはずの権利が、いつしか剥奪可能な特権に変えられてしまってはいないか。学校教育から生徒指導が切り離され、人間の教育がますます貧弱化する可能性はないか。

大人たちは子どもたちの心のニーズに応えられているか。私たちは切り捨てるのではなく、育てることを大事にできているか。

注記：本原稿は、鈴木大裕『崩壊するアメリカの公教育：日本への警告』（岩波書店、２０１６年）第６章、「アメリカのゼロ・トレランスと教育の特権化」に加筆・修正したものである。

注

１　ひとくくりに「黒人」と言っても、先祖が奴隷として連れてこられたアフリカ系アメリカ人、自らの意思で渡米したアフリカからの移民、カリブ系アメリカ人など、その文化的ルーツは実に様々だ。しかし、文献やデータによっては、「アフリカ系アメリカ人」など厳密に一つのグループを対象にするものもあれば、黒い肌の色を持つ人々という意味でひとまとめに「黒人」と表現するもの多い。本章では、対象がアフリカ系アメリカ人に限定される場合以外は、「黒人」という表現を用いることとする。

2　Giroux, H. (2014). The militarization of racism and neoliberal violence. Truthout, August 18, 2014.

3　Kelling,, G. L. & Wilson, J. Q. (March, 1982). The broken windows: The police and neighborhood safety. The Atlantic. http://www.theatlantic.com/magazine/archive/1982/03/broken-windows/304465/

4　Mitchell, K. (2011). Zero tolerance, imperialism, dispossession. ACME: An International E-Journal for Critical Geographers, 10 (2), 293-312.

5　同上。

6　https://www.aclu.org/blog/criminal-law-reform-prisoners-rights/not-having-roof-over-your-head-can-mean-jail-time-criminal

7　http://www.nationalhomeless.org/publications/foodsharing/cities.html

8　Giroux, H. (2001). Mis/education and zero tolerance: Disposable youth and the politics of domestic militarization. Boundary 2, 28 (3), 61-97.

9　Giroux, H. (2003). Racial injustice and disposable youth in the age of zero tolerance. International Journal of Qualitative Studies in Education, 16 (4), 557.

10　http://www.naacp.org/pages/criminal-justice-fact-sheet

11　Lewis, T. (2006). The school as an exceptional space: Rethinking education from the perspective of the biopedagogical. Educational Theory, 56 (2), 159-176.

12　LaMarche, G. (March 21, 2013). Is prison thinking infecting public policy?, University of California, Berkeley.

13　Fuentes, A. (December 26, 2003). Discipline and punish, The Nation.

14 Giroux, 2003, p.561
15 Lewis, 2006.
16 LaMarche, March 2013, p.21
17 http://7online.com/education/video-shows-special-needs-student-restrained-in-bronx-school/331179/
18 http://www.democracynow.org/2015/10/28/criminalizing_the_classroom_inside_the_school
19 http://blogs.edweek.org/edweek/rulesforengagement/CRDC%20School%20Discipline%20Snapshot.pdf
20 http://civilrightsproject.ucla.edu/news/press-releases/2013-press-releases/out-of-school-and-off-track-reports-detail-disturbing-and-increased-use-of-suspensions
21 Advancement Project et al (2011). Federal policy, ESEA reauthorization, and the school-to-prison pipeline, NAACP Legal Defense Educational Fund; Juvenile Law Center; Advancement Project; Educational Law Center; Fair Test; The Forum for Education and Democracy.
22 チャーターとゼロトレランスの深い関係については以下を参照のこと。Davis, O. (October 17, 2014). Punitive Schooling: The education reform movement has brought "broken windows" policing into the classroom. Jacobin. https://www.jacobinmag.com/2014/10/punitive-schooling/
23 Lawsuit Accuses Brooklyn Charter School of Failing to Provide Special Education Services (ブルックリンのチャータースクールが特別支援教育を提供していないとする訴訟)「ニューヨークタイムス」２０１５年11月５日 http://nyti.ms/1XTZII5
24 Lewis, 2006.
25 Harvey, D. (2003). The new imperialism. Oxford: Oxford University Press.

5章　心理臨床から考えるゼロトレランス

――子ども・青年の発達はどうなるのか？　そして私たちにできることは？

横湯園子

はじめに

私がゼロトレランスという用語を耳にしたのは２０１３年の頃だったように思います。「"zero tolerance"をそのまま訳すなら、寛容ゼロ、寛大ゼロ。つまり不寛容の教育ってこと?」と理解しても、実感としてイメージできませんでした。

ところが、２０１５年のことでした。東広島市内の中学校において自殺したA君について「専門家意見書」を書くことになりました。A君が受けていた「校内反省個別指導」は第1段階、第2段階、第3段階へと加重していく別室指導であり、三つの段階に入った時期を図示しました。次第に致死性が高まっていき、第3段階で部活動指導ともあいまって追い詰められ自殺に至っています（表1）。

改めて、２００６年6月に文部科学省初等中等教育局児童生徒課長名による「児童生徒の規範意識の醸成に向けた生徒指導の充実について」という通知を読みました。

表1　自殺への道ゆき

月日		教師の指導	自殺の危険度・致死性
10月24日	10月5日に床にたたきつけて折れてしまった箒を図書室の箒と取りかえたことがばれる	複数の教諭から指導を受ける。●●教諭（数学教師）は「▲▲教諭（野球部顧問）に報告する」と告げ、▲▲講師に怒鳴られ、部活動はさせてもらえない。	「この事件以降A君の死にたいという報告があった」 ↓
10月25日		別室指導（午前中） 反省文	（生徒の面接による） 死がよぎる
10月26日		▲▲講師「お前には背番号はやらん」18番を渡す。	「もう俺は終わった」 焦燥感 絶望感
10月27日	県議長杯、2試合目に先発投手・完投する		
10月28日	部活動が休みのため自宅で過ごす。気持ちをきりかえ、前向きに頑張ろうとしていた。		
10月29日	6時間目まで落ち着いて生活 15時15分頃　美術の授業で使用したかぼちゃを廊下に出して遊ぶ。 （友人のかぼちゃ） A君、はじめは否定	●●教諭 美術で使用するかぼちゃを発見（廊下）→「指導」を開始 →「怒られるのが嫌だった」 ⬇ 「もう知らない。▲▲先生に言うから」 ⬇ 机にうつぶせて泣いている 「死んだほうがええんかねぇ」（野球部員に）	「やばい」と繰り返す ↓焦燥感 教室で顔を伏せて泣く 恐怖 耐え難い心理的苦痛

＊第3段階のみ記載（第1、第2段階は省略）

「米国で実践されている『ゼロトレランス方式』にも取り入れられている『段階的指導』等の方法を参考にするなどして、体系的で一貫した指導基準に基づき『してはいけない事はしていけない』と毅然した指導を行うように」と踏み込んでいました。「A君の受けていたのはゼロトレランスによる生徒指導だったのだ」と憤りと悲しみをもって読みました。

アメリカで実践されているというゼロトレランス方式ですが、アメリカの友人によると、「１９９０年代、麻薬や銃器を学校に持ち込む生徒たちへの対応策としてなされたものであり、州によってもちがうと思うが、比較的短期間でそのような教育はなくなったのではないか」とのことでした。

銃社会のアメリカとちがって、日本における一般人や子どもたちが銃器や麻薬を所持することはありません。ましてや、学校に麻薬や銃器を持ち込むなどありえません。どのような議論を経て、２００６年の「児童生徒の規範意識の醸成に向けた生徒指導の充実について」の通知となったのでしょうか。

ゼロトレランスについては1章で世取山氏が論じているので、本稿ではゼロトレランスと混同されやすいという「割れ窓理論」ついて簡単に紹介したいと思います。

その上で、少年期から思春期、思春期から青年期への移行期の発達について述べ、心理臨床に何ができるのかを、カルフォルニア州のスクールカウンセリングの実際と中央大学教育臨床グループが試行的に実践してきたピアカウンセリングプログラムについて述べようと思います。

Ⅰ　「割れ窓理論」とは

「割れ窓理論」とは、割れた窓ガラスという隠喩を用いて、無秩序と犯罪の関連性を表現した理論です。軽微な犯罪も徹底的に取り締まることで凶悪犯罪を含めた犯罪を抑止することができるという環境犯罪学上の理論だそうです。

割れ窓という隠喩は、１９６０年代に心理学者フィリップ・ジンバルドが実施した応用とのことです。彼の研究結果によると、「1台の自動車を治安の良い地域に放置したところ、何週間も手付かずのままであった。ところが調査員が最初に窓を壊したとたん、ほんの数時間でその車は完全に破壊されてしまった」そうです。「治安の良い地域であってさえも、一旦窓が壊されると、それは地域社会のバリアが崩壊し始めることの前兆となった」とのこと。「近隣地域を誠実に世話して守る人がいなければ、近隣地域は崩壊して、無秩序に、さらには犯罪までに及ぶだろう。工場や事務所の窓が割られていると、通りかかる人は、その建物は誰も管理していないか、すべき者がいないのだと思うだろう。そのうち、石を投げてもっと窓を割る人が出てくるだろう」と述べています。

１９８２年当初に、犯罪学者のウィルソンとケリングらは秩序違反の放置が犯罪不安によって深刻な犯罪に結びつくと推測します。その後、ケリングと刑事司法学のコールズが、この考え方をさらに拡大、理論化します。そして、警察によって刺激的な論争が繰り広げられた最中の１９９６年に、ケリングとコールズによる『割れ窓理論による犯罪防止』が出版されます。[1]

「割れ窓理論」の本質は、秩序違反の放置が犯罪不安を招くという点にあります。「もしある建物の一つの窓が割られ『修理されないままに放置されれば』残りの窓は全部すぐに割られてしまうだろう。割られたまま放置された一枚の窓は、誰もケアしないこと、窓を割ることに何のコストも伴わないことの象徴である」と説明しています。この増大した不安が原因となって、地域住民は公共空間の使用を差し控え、さまざまな防護的な措置を講じるようになるとのことです。

提唱者も危惧するゼロトレランスとの混同

「割れ窓理論」は警察官や都市の政策決定者の間には慣習上の智恵として受容された一方で、多くのリベラルな犯罪学者や研究者からは手厳しい批判を被ったようです。

ケリングとコールズによると、「割れ窓理論」を「ゼロトレランス」と等値するのは誤りであると断った上で、多くの人々は「割れ窓理論」と「ゼロトレランス」を混同して、調査によって立証されていないのにもかかわらず、犯罪を減少させたと誤って信じている、貧困者やホームレスを犯罪者にした責任がある、などといって「割れ窓理論」を批判したそうです。この批判に対して、著者らは、ニューヨーク市の犯罪減少の起源をめぐる理論状況を示しているのですが、本稿では略します。[2]

環境犯罪学はミクロレベルでの犯罪事象の理解を重視するというマイケル・ウェイジャーズらは、「割れ窓理論」の当初の発想を紹介しながら、「秩序違反の放置はコミュニティ統制の崩壊につながること。規制も抑制もない秩序違反はその区域が安全でない事を市民に知らせる兆候であり、市民は、慎重に、また恐る恐る街路を離れ、特定の区域を避け、日常の活動や交友関係を縮小するようになる。市民がひきこもると、街路における仲間の市民と相互支援の役割からも身を引くことになる。社会の孤立化が始まると、かつてはコミュニテイ内で助け合って維持してきた社会統制も手放すことになる」と述べています。[3]

犯罪だけを見れば、「割れ窓理論」の是非論はともかくとして、ケリングとコールズが述べているように「割れ窓理論」とゼロトレランスを等値するのは誤りであることは確かです。

ところで、『割れ窓理論による犯罪防止』の日本語訳が出版されたのが２００４年でした。そして、２００６年には、文部科学省初等中等教育局児童生徒局課長名で「児童生徒の規範意識の醸成に向けた生徒指導の充実について」が通知されています。

「体系的で一貫した指導基準に基づき『してはいけない事はしていけない』と毅然した指導を行うように」というゼロトレランスによる生徒指導が、成長発達していく子ども青年たちの発達のプロセスをいかに無視したものであるか。子ども各自の固有の「生」を全うする人間としての「生」をいかに破壊していくものであるのかを世に知らせ、問う必要があるのではないか――そう思いました。

Ⅱ　自己の解体と再編成のプロセスにいる思春期の子どもたち

不安に満ちた「移行期」

私はこれまで、児童期から思春期、思春期から青年期の心の様を描く際、児童期から思春期の移行期、思春期から青年期への移行期という「移行期」に焦点を当てることが多かったように思います。

特に児童期から思春期への移行期は「自分とは何か」を問いつつ、「自分とは……である」と実感していくドラマチックな時期でもあります。しかし、大人からはドラマチックに映って見えるこの時期は当事者にとっては不安に満ちた時代でもあります。

「もう子どもではない。放っておいてくれ」と豪語しつつも、不安になると今まで依存していた親や大人に依存するなど、依存と別離の間を行きつつ、戻りつつしながら次第に未知の成人の世界に入っていきます。

今までの価値観にヒビが入り、自身を取り巻く家庭や学校、社会に対しても疑問を抱き葛藤するようになるという意味でも、思春期は不安に満ちた時代でもあります。そうであればあるほど、大人や教師に求められるのは、身を寄せつつも身を離し、求められた時に応じることが求められます。親にとっては「扱いにくく」、教師には「生意気に」映ることも多くなる一方で、それ以上は踏み込まないという姿勢でしょうか。

それだけに、この時期の子ども・生徒は親密な同性同年齢の友人と集団が大事であり、時に悪的としか思えない言動を試しつつ、親密な友人を鏡にして自分を確かめ、自身も友人の鏡になるという鏡像の関係の中で成長していきます。

このような思春期への移行期、思春期の真っただ中にある生徒に対して、「体系的で一貫した指導基準に基づき『してはいけない事はしていけない』と毅然した指導を行い」違反した場合、「米国で実践されている『ゼロトレランス方式』にも取り入れられている『段階的指導』」等の方法を参考にした指導をするのはいかがなものでしょうか。

1970年代、日本の「ゼロトレランス」的な教育

ゼロトレランス方式という用語のない時代の日本でも、ゼロトレランス的な管理教育は行われており、その是非は問われ続けてきました。

私が1970年に出会った和男君（仮名）は中学の修学旅行で京都に宿泊。午後9時以降は部屋を出てはいけないという注意を忘れて、部屋の前の廊下から見える日本庭園の美しさに見入っているところを担任に見つかり、以降、問題児として生徒指導の対象になってしまいました。

関東圏から京都・奈良への修学旅行です。日本庭園への感動とその美意識こそ、教師は奈良・京都を選んだ甲斐があったと喜んでしかるべきであると思いますが、「9時以降は部屋から出るな」という「してはいけない事はしていけない」という指導によって、和夫君を生徒指導の対象にしてしまったのでした。

他にもこんな事例があります。哲也君（仮名）も成績は上位でスポーツも得意な優等生で、教師に期待されている生徒の一人でした。修学旅行は箱根、富士五湖方面でした。富士山麓と原生林に点在しているとい

うにはあまりにも堂々とした富士五湖――。その自然界に魅せられる余裕もなく、夕食後の散歩はもちろん、旅館内の自由な歩行も許されず、自室でレクリエーションを強制されるなどの種々の禁止事項。監視の厳しさを嫌という程に感じた哲也は、教師の束縛に疲労しきっている自分を見つめます。そのような自分を見つめているうちに、教師への不信感と反抗心が噴きあがるように出てきて、気がついたら仲の良い友達を誘って旅館外に出ていたそうです。その後の行動については略しますが「学校に帰ってから、みっちり叱ってやるからそのつもりでいろ!」と言い渡されます。

彼は教室と教師に対する恐怖感から神経性漏尿症々状を呈して学校を休むようになりました。中学3年生を留年し、翌年、国立国府台病院児童精神科に入院してきます。当時は学校恐怖症とも呼ばれていた時代です。

彼は、高校は出身県に戻り年月を経て高校の教師になっていくのですが、そこまでの道のりは『登校拒否――専門機関での援助と指導の記録』[4]に詳しく記しています。

もう一人、給食をゆっくり食べすぎるという理由で、床を舐めさせられる等の罰を受け続けた少女がいました。入院してきた当時、彼女は大人の姿を見ると床を舐めて「ごめんなさい、ごめんなさい」と言い続けるのでした。彼女も70年代の早い時期の少女でした。ゼロトレランスを受け入れる土壌はこの頃から出来つつあったと言えます。

思春期は生徒にとっても、教師にとっても不安な時代

ところで、子どもは発達の段階にはその段階特有の危機があります。思春期的変化は少年期の終わり頃から見られますが、身体的変化と心理社会的変化と動揺が交錯し、内的不安が顕在化していきます。

早熟な子どもは小学中学年の頃から、そうでない子どもでも中学1、2年生の頃までに思春期に入っていきます。思春期の子どもは反権威的、反常識的行動を自分独りではしないという特徴があります。独りでいる時は概ね内省的です。

内的不安についての対応の仕方も男子と女子ではちがいます。男子の場合、第二次成長による身体的心理的変化への密かな悩みを打ち明け合うなど健康的な性的同一性を発達させていきます。このような他者との同一化と相互関係をベースにして、少しずつ両親から自立できるようになっていきます。

思春期における対象関係で重要なのは同性同年齢の親密な友人の存在です。親密な友人を鏡にして相互に自分を確かめながら、今までの自分にヒビを入れつつ自己の解体と再編成作業に取りかかります。

しかし、この時期は思春期特有の依存と反発という対象パターンを生み、自分をめぐる不安定さと関連して種々の心身症的な症状を形成するだけでなく、非行その他の問題行動へと転じていくケースもあります。

自我にめざめた中学生は、相対的にいえば、もはや周囲との調和的一体感に生きることができなくなり、自分の中でも葛藤や分裂が生まれ、生きることのむずかしさや社会の面にも気づかざるをえなくなります。その意味でも、思春期は生徒にとっても、教師にとっても不安の時代です。

一見、「悪的」に見える馬鹿騒ぎも限度を超した場合、状況に応じて、「なぜ?」を心の内で問いつつ指導をすることが求められます。このような時ほど教師の子ども観、教育観、哲学とでもいうような人間性が問われることはありません。

「悪的」としてしか見えない「悪」もあります。そのような「悪」について考える度に、私は青年期のピーター・ブロスの言葉を引用した臨床心理学の今は亡き村瀬孝雄氏の言葉を思い出します[5]。村瀬氏は、ブロスの『青年期について——精神分析的一解釈』の次の部分を引用しています[6]。

「青年期は、その情緒的混乱をにもかかわらず、否、むしろまさしくこうした混乱を逆に利用して、彼らが児童期で蒙った人格形成上の否定的な影響から自ずと回復することが可能になる。児童期に十分な前進的に発達してゆくことを妨げてしまった過去の状況は、青年期の人格再編成問いう混乱によってはじめて修正され矯正される機会を持つのである」と。

少年期から思春期へ、思春期から青年期へと向かう子ども青年たちとつき合う専門職へのブロスからのプレゼントに胸が熱くなりました。

Ⅲ　心理臨床、教育臨床からの試み

子どもの直接参加――心理臨床の「知」と「技」を活かして

「形」のイメージ化はカリフォルニアの地にて

アメリカにおいてゼロトレランスが始まったという１９９０年代の初頭といえば、日本ではスクールカウンセラーの学校派遣の導入期でもありました。スクールカウンセラーが学校派遣されることを知った私（当時は北海道大学）は、スクールカウンセラーの実際を知りたいと考えている時でした。

国立精神・神経センター精神保健研究所の児童思春期部長であった上林靖子氏の誘いを受けて日米スクールカウンセラー合同会議の旅に発ったのでした。日本からの参加者は精神科医、心理臨床家、教師、ソーシャルワーカーであり計7名だったと思います。各自、スクールカウンセラー宅にホームステイしながらのスケジュールでした。合同会議の仰々しさは全くなく、ミーティングにも同席でき、子どもたちの実際を知ることができました。

スクールカウンセラーの役割は一対一でカウンセリングするだけでなく、小集団カウンセリング、大集団ガイダンス、コンサルテーション、コーディネーションなどの役割をはたしています。スクールカウンセラーは数多くの学校プログラムのコーディネーターであり、ピアヘルピングつまり仲間が仲間を助けるピアヘルパープログラムをコーディネートしています。

コンフリクト対象としているのは、生徒が一人あるいはそれ以上の生徒を巻き込んだ対立（コンフリクト）を抱えている場合です。小学校、中学校、高校のあらゆる学年レベルについてコンフリクトマネジメントプログラムがありました。

例えば、私が見学したのは高校生のそれでした。高校を訪問した時、ホールやグランドで真っ先に視界に飛び込んできたのがモヒカン刈りの男子生徒でしたが、相談者はその彼でした。つい、身を乗り出しての見学となりました。

マネージャーによって話が進んでいきます。才能も特技もないと思い込んでいる彼は注目をあびようとモヒカン刈りにしたのだそうです。そのことを知ったガールフレンドは「モヒカン刈りにならなくても良いところがあるのに」と言います。その言葉に安堵する彼は、ガールフレンドの「ボーイフレンドがモヒカン刈りだと知られるのが恥ずかしい」の言葉に赤面しながらも言います。「友だちから『なぜ彼女は挨拶をしないのだ』と質問される。ボクが『ハロー』と声をかけたら『ハロー』と応えて欲しい」と。マネージャーを通して約束する二人。次は2週間後ということでした。

このようなプロセスを経て自分に気づき相手を知り、自己主張のタイミングを身につけ、意思決定できる人間を育てていくのでしょう。「イエス」「ノー」がはっきりしているアメリカだからできるプログラムだと考えつつも、話し合いを促していくマネージャーはさすがであり、抱えている問題の背景が明らかになっていく様子や、即問題解決に至らなくても次回までにできる事柄を確認、約束していくプロセスは参考になりました。

見学、同席した学校でのコンフリクトマネージメントピアカウンセリングの場所は部外者のいない、かつスクールカウンセラーのオフィスなどで行われていました。話し合いの促進役となるコンフリクトマネージャーは一人か二人であり、マネージャーは大声をあげない、ケンカをしない、人をののしる言葉を使わないといったルールを説明し、話し合いの終了時に、解決についての誓約書にサインするように求めます。

抱えているコンフリクトは多様であり、例えば私が見学した場面は、先に記したようにモヒカン刈りの男子高校生にあいさつもしなくなった彼のガールフレンドとの仲裁でした。

ちょっとした生徒の違反行為について容赦しないというゼロトレランスの「してはいけない事はしてはいけない」と毅然した指導を行うような高校であったなら、モヒカン刈りの男子高校生はどうなるのでしょうか。

ピアカウンセリングの運用

ピアカウンセリング・ピアヘルピングの場合はコンフリクトマネージメントとはちがって、誰がピアカウンセラー・ピアヘルパーであるのか公表されず、秘密保持の原則のもとに行われます。当然ながら、実際行われている様子を見ることはできませんでした。

しかし、ピアカウンセラー・ピアヘルパーの高校生のプレゼンテーションは示唆的でした。「将来の職業はカウンセラーですか?」の質問に応えて、「そのつもりはない」と断った上で、「ピアカウンセラーの経験や人間理解は将来の仕事に役立つと考えている」と答えました。養成プログラムを経験した高校生も「カウンセラー志望ではないけど、ここでの経験は将来、役立つと思う」と話していました。

ところで、カルフォルニア州におけるピアヘルパーの訓練のほとんどは授業外の時間に行われています。例えば、放課後や夕方、土曜日、あるいは週末静なところに出かけて合宿するなどです。授業外に行われる訓練は時間的に限られており、スクールカウンセラーは一連のまたは単位毎の学習活動にそって生徒を訓練するためにピアヘルパーカリキュラムを持っています。

ざっと列挙してみると、アクティブリスニング、応答のテクニック、フィードバックを与えること、明確に価値づけるやり方、信頼と秘密保持の演習、報告、紹介先についてなどとなります。ピアカウンセラーは児童期と思春期の問題について教えられ、討議しながら学んでいきます。自殺と予防と介入、生徒が仲間の死を乗り越え、愛する者や仲間の喪失体験に対処するための援助、児童虐待やセクシャルハラスメントの報告、紹介の仕方について教えられます。ロールプレイをする活動は、生徒がその知識を用い、ピアヘルピングの技術を実際に適用する助けになります。[7]

スクールカウンセラー、スクールソーシャルワーカー、スクールナース合同の話し合いにも参加して感じたことの一つに、生活困難地域のスクールソーシャルワーカーたちの疲労感でした。日本でいうハローワークに出向くなどもしているとのことでした。

移民・難民への寛容さ

移民、難民の多い学校では日本のように学校給食がありました。移民、難民家庭の母親たちを雇うことで、アメリカにおける食材・調理法・マナーを知っていくだけでなく、賃金も支給されるとのことで生活援助にもなるということでした。移民、難民を受け入れるとはこういうことなのかと思いました。

移民、難民という意味では、子どもたちの英語の学習風景も印象的でした。日本の体育館ほどの大ホールにおいて、日本でいう小学4、5年生に相当する生徒たち2名が組んで英語の勉強をしていました。英語ができる生徒がより未熟な生徒の勉強を助けるプログラムでした。数は少ないが教師も手助けをしていました。

私は〝Black Swan〟の物語を読みあっているカンボジア系、ベトナム系の男子生徒のそれを見ていました。二人が私にも「読め」というので声を出して読むことになったのですが、ベトナム系の男子が私のイントネーションを直すのです。とうとう私は「Japanese English で良いんだ」と頑張り、カンボジア系の小学生が合点の笑みを漏らしました。

いつの間にか脱線して、私はアジア大陸と日本、アメリカ東海岸の位置がわかるように地図をメモ描きして、日本、ベトナム、カンボジアの位置を説明していました。彼らが私に「ベトナムやカンボジアに住んでいたの？」と質問します。「行ったことも住んでいたこともない」と答える私に「なぜ知っているのか？」と質問が返ってきます。気がついたら女性校長先生が面白そうに笑って立っているではありませんか。

その後、私はスクールカウンセラー室に移り、学校から帰ることになりました。すると、玄関ホールに先の二人の少年と校長先生が立っていました。少年たちが私にもう一度会いたい、別れのあいさつをしたいと校長先生に頼んだのだそうです。校長室に行きお願いをするなど、日本では考えられないことでした。

ところで、私がカルフォルニアを訪問した頃は、ゼロトレランスを導入していたのかどうか。ゼロトレランスという用語さえも耳にしたこともなく、雰囲気からも監視的、罰則的な緊張感は感じませんでした。

合同会議の席上でも、各学校を訪問した時でもゼロトレランスが話題になったことはありませんでした。先に記したように、移民・難民を多く受け入れているいわゆる小・中合同の学校も訪問し、生徒たちと接する機会も多くあったが、不寛容な雰囲気の学校には出あいませんでした。

しかし、帰国する前夜のサンフランシスコの繁華街で出くわしたアクシデントを考えると、同じカルフォルニア州でも丘陵地が続くおだやかな地域と犯罪が起きやすい地域とでは街の雰囲気もがちがうはずです。

街頭の状況は極めて悪化していたサンフランシスコという表現で思い出すのは、帰国前夜の繁華街のホテルの直近で起きた殺人事件でした。

帰国する前日は私たち日本人だけで過ごしました。世話をしてくれていたカルフォルニア州カウンセリング協会会長のダリル・ヤギ氏から「鉄製の格子でガードされた窓のあるエリアになったら、即、元来た道を戻るように」と忠告されていました。忠告通りに後戻りをしたその夜のことでした。

私たちはホテルの街路側の部屋と反対側の部屋に分かれて宿泊していました。街路側の部屋のメンバーたちが窓の外を眺めていて、ピストルによる殺人現場を目撃し、反対側の部屋にいる私たちのところに駆け込んできました。

私たちはシビアな症例や事例に付き合ってきていた専門職の人間でありましたが、殺人現場をリアルタイムで見たという経験者はいませんでした。急性トラウマに陥っている街路側部屋の人たち、それに対応する反対側部屋の私たちも、その夜はそれで終わってしまったのです。

サンフランシスコで思い出すのは、街頭の状況は極めて悪化していたことです。ケリングとコールズによると、サンフランシスコは１９８０年代になると、多数の攻撃的乞食・「ホームレス」・物乞い・売春婦に出くわす割合は全米でも最も多い都市となり、90年代初頭までに街頭の状況は極めて悪化したそうです。

ゼロトレランス的生徒指導が導入されていたのかどうか。導入されていたとしても、アメリカの友人が言うように麻薬や銃器の持ち込み等がなくなった時点で終わりになったのかも知れません。

「割れ窓理論」の是非はともかくとして、国によって、地域によっての違いはあるがコミュニテイの安全をどう確保するのか、です。だからと言って、発達途上にある子ども青年を犯罪予備群的な眼差しでゼロトレランス的な指導がなされて良いはずがありません。

Ⅳ　日本におけるスクールカウンセリング

スクールカウンセリング導入から20年

日本におけるスクールカウンセラーの誕生は１９９５年でした。既に20年余の年月が経っており完全に定着して今日に至っています。

スクールカウンセラーの配置は中学校を中心に、地域によっては高校、小学校にも配置され、週２日、１回４時間となっていますが、１日８時間、週１回というのが一般化しています。教育行政機関、教育相談部門にも配置されているところが多いのではないでしょうか。スクールカウンセラーは臨床心理士（学校臨床心理士と呼称）がほとんどではありますが、退職教員、退職校長が配置されているところもあります。

スクールカウンセラーの導入について、臨床心理士の所管である学校教健康教育課の課長であった富岡賢治文部省・大臣官房審議官は、１９９９年時点で、

「昭和60年、いじめ問題が非常に大きく脚光をあびるようになった時、当時のいじめ問題の文部省協力者会議で、スクールカウンセラーが必要ではないかという指摘を受けたが、予算ということで措置がなかなかできなかった。平成２年、日本臨床心理士資格認定協会が文部省の公益法人になり、公的に文部

省として協力いただくカンターパートとして私どもと手を携える組織として確立したということが、スクールカウンセラー制度ときわめて直接的な因果関係があった」

と話しています。[8]

そして、平成7年度の「予算要求で、いじめ、登校拒否問題が文部省の行政の中で、最大の課題の一つになってきたということで、いわばせっぱつまったかたちで、スクールカウンセラーの予算請求をした」とのことです。

スクールカウンセラー導入に大きな影響力を与えたユング心理学者の河合隼雄氏は

「日本の学校はいわゆる聖域というか他の者はなかなか入れなかった。そこへ外部の人間を入れるということを文部省が決断されたのはすごいことだと思います。（中略）非常に良かったことは臨床心理士会は各都道府県にできていましたから、その地域のことをよく知っている。実情を知っている者同士が話し合いということで人選が行われた。（中略）学校の方もすごくオープンというか、入ってくるカウンセラーのことを考えてくださっている。聖域で閉じていた世界が外に開いてくれた」

と話しています。[9]

しかし、現在に至ってもアメリカのようなピアヘルピング、ピアクンセリングの実施には至っていません。カリフォルニア州ではスクールカウンセラーは常勤、非常勤はともかくと、毎日、1~2名が常駐していました。だから、コンフリクトメネージメント、ピアカウセリング・ピアヘルピングのプログラムの余裕があるのかもしれません。

中大式ピアカウンセラー養成プログラム――自分がわかり、人の話がきける生徒に

ところで、不登校・登校拒否で言えば、日本で初めて、千葉県市川市にある国立国府台病院児童精神科病棟児対象の学級（通称「分校」）ができたのは１９６５年（昭和40年）でした。私は「怠けでも病でもないのに学校に行けない子どもの学校ができた」という噂に惹かれて69年に見学。翌年、移動希望を出して治療的教育の場の教師になりました。

カリフォルニア州に出かけた頃の勤務大学だった北海道大学には附属高校がなく、また、異動のある公立高校では長期間の試行は無理であり、即実践はできませんでした。

その後、中央大学に移り、中央大学附属杉並高校と話し合いを重ねて、２００４年度から、「土曜講座」と呼ばれる選択授業の一つの講座として、「カウンセリング講座」を開講することができました。教育臨床の大学院生たちと共に試行的にピアカウンセラー養成プログラムづくりにとり組ました。もちろん、システムや試行的実践ができる時間枠もアメリカとは異なりできることには限りがありました。

「カウンセリング講座」開講から9年目の時点で、「中大式養成プログラムの実際とその評価」「中大式ＰＣＭ尺度」としてまとめることができました。[10]

日本においてもピアカウンセリング、ピアヘルピングプログラムを実施するようになった際に差し出すことができるように「中大式……」と命名したのでした。

一つか二つ、字数の許す限りで事例的に雰囲気を伝えたいと思います。

カウンセリングネーム作りとアメ玉君（高校1年生）

カウンセリングネーム作りは年度始めのプログラムです。絵あるいは文字にして、聞き手に話します。聞き手は話し手が伝えたいことを「ききとる」ことが求められます。

「アメ玉」君は入学間もない1年生です。黒マジックで書かれた文字を小さな声で説明していたのですが、聞き手に声が届かなかったからでしょうか、ことばの往復がありません。指定した時間が過ぎていきました。私を含めたファシリテーターは随所にいて近くのグループに付き合っていました。

「アメ玉って、どんなところから？」と私は尋ねました。

「いつも舐められていたから」と返ってきました。その途端でした。ペアを組んでいたペア君（本稿の便宜上の呼称）が「おっ」と声をあげます。すかさず、隣のグループの3年生が身を乗り出して「おっ」と声をあげ、ペア君と頷き合ったのです。瞬間、ある種の雰囲気がながれました。

私も咄嗟に「それって、いじめの合図とちがう？　この講座はカウンセリング講座よ」と言っていました。声をあげた二人は「はい」と頭をかき、アメ玉君の瞳に安堵のようなものを感じました。

直感で咄嗟に対応した私ではありましたが「フィードバック時ではお説教になってしまう恐れもあったなあ」とか、「いや、フィードバック時に『おっ』を取り上げる方が良かったのかなあ」などと、自身の対応の是非を省みた回でもありました。

「いつも舐められていた」というアメ玉君は小学校時代か中学校時代にいじめあるいはからかいに遭っていたかもしれず、ペア君たちはいじめるつもりは毛頭なかったのでしょうが、二つの質に異なる「かもしれない」が一緒になって何かが生じるということもあります。

アメ玉君は一定の距離をもってプログラムに参加しているという感じが続いていたが、学年末頃は笑みがうかぶ余裕のある高校生になっていました。2年生になってもカウンセリング講座を履修、ロールプレイでのピアカウンセラー役、クライアント役、観察者役のいずれの役も興味深そうでした。ロールであるからこそ、にじませることができる本音や遠慮、客観性などの距離感が彼の心の状態にあっていたのでしょうか。3年生になる頃は背丈も伸び、友だちと話し込んでいる姿を見かけるようになりました。

彼にとって、養成プログラム体験の2年間はトラウマを癒す場となり、同年齢集団との再会の場になったのだと思います。

一方のペア君たちは休憩時間を含めて騒いでいて、もう大人、青年という雰囲気でした。しかし、どこか気恥ずかしさのようなものも漂っていて高校生らしく、公と私の兼ね合いを試しているような印象を受けました。

カウンセリング講座を経験した高校生に「将来の職業はカウンセラー?」、「心理学専攻を受験するの?」と問えば、カリフォルニアの高校生たちと同じように「そのつもりはないが、ピアカウンセラーの経験や人間理解は将来、役立つと考えている」と答えるのでした。

おわりに

学校という場は教師が軸であり、輪として養護教諭、事務職、用務職、スクールカウンセラーが機能しています。輪の一員でもある学校医も子どもたちの呈する神経症的腹痛、原因不明の発熱、不眠などを通してゼロトレランスの実態を知っているのではないでしょうか。多様な視点から危惧を抱いている人も多いのではと思われます。

そのような状況下に置かれた子ども・青年たちを護るのは大人の責任であり、教師の責任なのではないでしょうか。冒頭に紹介した、東広島市内の中学校で自殺したA君のように、段階を設けて別室指導をすることによって、教師たち自身が看守化し、自身の身を縮めることになるのではないでしょうか。
自身を省りみる「愛」とでもいうような、子どもたちへの想いを取り戻すことを願う、この頃です。

注

1　G・L・ケリング、C・M・コールズ『割れ窓理論による犯罪防止』文化書房博文社、2004年。
2　注1に同じ。「日本語訳への序文」によると、ゼロトレランス（zero tolerance）とは「不寛容あるいは許容度ゼロ」の意と説明されています。
3　リチャード・ウォートレイ、ロレイン・メイズロール編集者『環境犯罪学と犯罪分析』㈶社会安全研究財団、2010年。
4　横湯園子『登校拒否――専門機関での援助と指導の記録』あゆみ出版、1981年。
5　村瀬孝雄『中学生の心とからだ』岩波書店、1984年。
6　ピーター・ブロス『青年期について――精神分析的一解釈』1962年とあるが、出版社不明。英文タイトルは“Intensive Psychotherapy in Relation to the Various Phases of Adolescence”であると思われる。
なお、ピーター・ブロスの著作のリストを見ると、ブロスは1962年に2冊の著書を出しており、“On Adolescence : A Psychoanalytic Interpretation”は野沢栄司氏が『青年期の精神医学』（誠信書房）と訳されている。
7　ダリル・ヤギ著、上林靖子監修『スクールカウンセリング入門』（勁草書房）1998年。
8、9　河合隼雄他「座談会　スクールカウンセラーの展開」、大塚義孝『スクールカウンセラーの実際』（『こころの科学』増刊号）日本評論社、1996年。
10　横湯園子編『ピアカウンセラー養成プログラム』かもがわ出版、2010年。

参考資料　いじめ、体罰に思うこと――暴力の文化から平和の文化へ

（『日本の科学者』２０１３年６月号、２～３頁、収録）

堀尾輝久（東京大学名誉教授・教育学）

自死につながるいじめ、体罰の痛ましい事件が絶えない。

暴力をともなう指導のありかたは柔道界のトップにまで及んでいる。

なぜこのようなことになっているのか。隠蔽の覆いをこえてあらわになった事件に、対症療法的に、なかば言い訳的に（軽い）処分が繰り返される。そのときばかりの〝絶対ダメだ〟の声も空しく響く。根絶のためには原因を突き止めることが必要である。さらにその歴史的社会的背景を問いつめることが求められる。

⑴　日本の現代社会全体がいじめの構造になっているのではないか。それはなぜなのか。

歴史的にみれば確かに戦前日本の軍国主義に支配された時代からの暴力による直接的間接的、支配と管理のあり方が社会的体質ともなって、戦後社会にも引き継がれ、学校文化をも規定していることも否定できない。しかし、少なくとも戦後改革をとおして、まさしくその体質を変えるべく、変革が目指されたのであった。憲法（Constitution）を変えることは社会の体質（constitution）を変えることに他ならない。教育の憲法といわれる教育基本法も教育の体質を変えることを目指すものであった。教育は国家にたいする国民の義

務から国民の権利、わけても子どもの権利として捉えられ、人権としての教育と教育の自由が、教育の条理をふまえての原理となっていった。体罰は学校教育法によって明確に禁止され、教科と教科外活動をとおして豊かな人間性の開花が目指され、体育に関しても兵式体操や教練さらには武術中心から、名称も保健体育と変わり、フェアプレイとスポーツマンシップが強調された。子ども、生徒を中心とする教育の理念は児童憲章（1951年）そして、子どもの権利宣言（1959年）から条約（1989年）への国際的流れとも響き合い、豊かになってきたはずであった。

(2) 制度化された学校が抑圧的な機構であり組織であったことは日本だけの問題ではない。ヨーロッパでも、現実の学校制度の発展を支えていたのは国家と社会の安全装置、革命の防波堤、経済発展のための労働力の確保、そしてナショナリズムの涵養への期待であり、学校教育は警察と軍隊とならぶ国家政策の軸に位置づけられていた。ちなみに義務教育とはつまりは強制教育（compulsory）であり明治期には強迫教育とも訳されていた。直接的暴力としての体罰（鞭打ち）も許容されたが次第に監視の目の内在化（パノプチコン）による統制がドミナントになっていく。

(3) この流れと拮抗しつつ、人権としての教育をすべての国民に保障するという市民革命期の思想は、民衆の労働運動そして教育者の新教育運動のなかに根づき、教育改革の理念として生き続けてきた。

さらに第二次世界大戦後、世界は新しい価値目標に向けて動き出した。世界人権宣言、国連、ユネスコの活動、教育に関しては子どもの権利宣言（1959年）、学習権宣言（1986年）、そして子どもの権利条約へと大きく前進してきた。教育は人権であり、子どもの成長発達と学びの権利こそが教育の軸となるべきだとする思想・意識も根づき広がっていった。

さらに、国連ユネスコは2000年を平和の文化国際年と定め、翌年からの10年を平和の文化を根づかせる活動に取り組んできた。

(4)　日本の現状はどうかと問えば、胸が痛む。

世界の新しい動向とも響き合っていた戦後改革の理念は、「戦後政治の総決算」(中曽根首相)「戦後レジームからの脱却」(安倍首相)の名のもとに後退を迫られ、かさねて、学校も生徒も能力主義と競争主義のもとで、教育から人間が消え、学校から自由がなくなってきた。競争と自己責任の新たな管理システムはそれ自体が新たな抑圧のシステムである。それからはみ出すものは異端として排除し、内に向けては道徳規範で縛りを強める。そこでは伝統や社会慣習も動員される。体罰も容認され、いじめも陰湿化する。

国連子どもの権利委員会(CRC)は権利条約にもとづいて、すでに3回(1998年、2004年、2010年)にわたって日本政府に対して「所見と勧告」を出している。そこには、いじめ、体罰、不登校への懸念が繰り返し記され、人間関係の貧しさとともに、教育制度の過度に競争的あり方が人格発達に歪み(disorder)をもたらしているのではないかと指摘している。

しかし、日本の政府は、裁判所もまた、これらの勧告に耳を貸そうともしていない。

子どもの権利条約は国際条約(法)であり、これを守らなくてよいのかという問題もある。CRCは「あらゆる形態の暴力を無くすために」という長文の提言(ジェネラルコメントNo.13、2011年)を、日本だけでなく、全世界の子どものために、出している。

いまこそ私たちは、平和憲法と子どもの権利条約を生かして、有形・無形の、あらゆる暴力を排し、平和の文化を根づかせる取り組みを強めなければならない。

略歴

横湯園子（よこゆ・そのこ）

前中央大学教授、元北海道大学教授。臨床心理士。
国立国府台病院児童精神科病棟児対象の治療的教育に関わり、都道府県長期研究生として東京大学教育学部にて研究。千葉県市川市教育センター指導主事を経て、女子美術大学助教授、北海道大学教授、中央大学文学部教授。定年退職後はフリーの心理臨床家として子ども・青年の諸事に関わる。主な著書に『教育臨床心理学』（東京大学出版会）、『ひきこもりからの出発』（岩波書店）、『魂への旅路』（岩波書店）、『子ども心の不思議』（柏書房）他多数。訳書にタシエス『名前をうばわれたなかまたち』（さ・え・ら書房）がある。

世取山洋介（よとりやま・ようすけ）

新潟大学教育学部准教授、子どもの権利条約市民・NGO 報告書をつくる会事務局長。新潟大学助教授、ハーバード・ロー・スクール「ヒューマン・ライツ・プログラム」客員フェローを経て現職。著書に『きみの味方だ！　子どもの権利条約』（ほるぷ出版）、『新自由主義教育改革』（大月書店）などがある。

鈴木大裕（すずき・だいゆう）

教育研究者／NPO 法人 SOMA 副代表理事。16 歳で米ニューハンプシャー州の全寮制高校に留学。コールゲート大学、スタンフォード大学教育大学院（修士）卒。帰国後は千葉県の公立中学校の英語教諭として勤務。コロンビア大学教育大学院博士課程を経て現職。著書に『崩壊するアメリカの公教育――日本への警告』（岩波書店）。

小野方資（おの・まさよし）

福山市立大学教育学部准教授。専攻は教育制度論、教育法学。著書に『各種学校の歴史的研究』（共著、東京大学出版会）、論文に「教育政策形成における『エビデンス』と政治」『教育学研究』第 82 巻第 2 号、2015 年などがある。

小林克己（こばやし・かつみ）

全広島教職員組合福山支部、中学校教諭。

「ゼロトレランス」で学校はどうなる

2017年10月25日　初版第1刷発行
2020年　1月25日　初版第2刷発行

編著者――横湯園子、世取山洋介、鈴木大裕
発行者――平田　勝
発行――花伝社
発売――共栄書房
〒101-0065　東京都千代田区西神田2-5-11 出版輸送ビル2F
電話　03-3263-3813
FAX　03-3239-8272
E-mail　info@kadensha.net
URL　http://www.kadensha.net
振替　00140-6-59661
装幀――佐々木正見
印刷・製本――中央精版印刷株式会社

ISBN978-4-7634-0834-1　C0037